自主学习的力量

都在学习，为什么差别这么大

[日] 石田胜纪 著　边大玉 译

中信出版集团 | 北京

图书在版编目（CIP）数据

都在学习，为什么差别这么大 /（日）石田胜纪著；
边大玉译．-- 北京：中信出版社，2022.6
（自主学习的力量）
ISBN 978-7-5217-4127-8

Ⅰ．①都… Ⅱ．①石… ②边… Ⅲ．①学习方法-通
俗读物 Ⅳ．① G791-49

中国版本图书馆 CIP 数据核字 (2022) 第 043932 号

都在学习，为什么差别这么大
（自主学习的力量）

著　　者：［日］石田胜纪
译　　者：边大玉
出版发行：中信出版集团股份有限公司
（北京市朝阳区惠新东街甲4号富盛大厦2座　邮编　100029）
承 印 者：北京联兴盛业印刷股份有限公司

开　　本：880mm × 1230mm　1/32　　印　　张：4.5　　字　　数：115 千字
版　　次：2022 年 6 月第 1 版　　印　　次：2022 年 6 月第 1 次印刷
京权图字：01-2022-1152
书　　号：ISBN 978-7-5217-4127-8
定　　价：39.80元

服务热线：400-600-8099
投稿邮箱：author@citicpub.com

序一

很多人这一辈子，都没有人给讲过学习方法

我是一名教师，在大学教本科生心理学，也在网上教父母怎么育儿。

我常常听很多学生说：“为什么我已经这么努力了，效果却依然不好？”

我也常常听很多家长说：“我的孩子看上去学习也挺用功的，为什么成绩就是不见起色呢？难道学习好都是天生的吗？”

我发现，原来很多人这一辈子，都没有人给他们讲过学习方法。当我意识到这一点时，我会在每年开学的时候，给我的学生们推荐一两本讲如何学习的书，并且在授课过程中，我也会穿插讲一些学习方法。

看了书，听了课，很多人恍然大悟：

“一直以为是自己笨，天生就学不好，原来我只是用了笨办法！”

“一直以为是自己记忆力不好，原来我只是不知道帮助记忆的策略。”

是的，这个世界上，真正的天才是非常少的。我们在学习中存在差异，主要是因为学习方法不同。只要学会了好的方法和技能，每个人都可以通过后天的努力，取得自己原以为不可能的成绩。这也是教育和学习的意义所在。

今天我看了《都在学习，为什么差别这么大》这本书，感觉也可以作为一本帮助大家学习的书。

前 4 章分析了为什么有的人学习学不好。作者介绍了三种学习类型，大家可以对比看看，自己究竟是哪一种类型。

【类型 1】看起来好像在学，其实根本没有学习的欲望。

【类型 2】只在课堂上或工作中进行学习。

【类型 3】除了睡觉之外，其他一切时间都与学习挂钩。

我们的生活中，可能第 1 类和第 2 类的人比较多，能占到 90% 以上。很多人甚至会质疑：真的会有人无时无刻不在学习吗？答案是肯定的。

这样的人通常有一个共同的习惯：无论是聊天、看电视，还是在散步，他们都会产生丰富的感受，并能勇于提出自己的

看法。长此以往，这些人不仅能取得很好的学业成绩，思考问题的能力也会不断加强，而且还能养成良好的自我表达能力。这类人不仅能够在自己所在的领域里拥有出色的能力，而且还能够轻松做到享受学习、享受工作、享受人生。

你一定很好奇：怎样才能成为第 3 类人呢？

本书作者给出的答案是：从改善提问方式和思维习惯开始，升级自己的大脑系统。

什么是大脑系统呢？简单来说，就是人的思考能力。

举例来说，有的家长往往热衷于给孩子疯狂报各类辅导班，但是如果孩子的大脑没有得到升级，这些做法就像是给孩子的大脑安装了一堆新软件，不仅没有太大作用，甚至会导致大脑系统的“宕机”。而那些具备自主思考能力的孩子，大脑系统的版本自然也高，学习效率也会得到提升。

在本书的后 3 章，作者着重分析了如何通过提升孩子的自主思考能力，来升级孩子的大脑系统，而这也是第 3 类人学习成绩优秀的“秘诀”所在。

为此，作者总结了两种方法。简单来说，一个是学会存疑，一个是学会总结。你可能觉得，这也太抽象了，到底应该怎么改善和升级大脑系统呢？

作者接着又总结出 10 个秘诀。掌握一些简单的提问方式，就可以把“问题”转化为“课题”，让孩子学会主动思考，进而制订计划，最终付诸行动。

“为什么”“怎么想”“如何做”“简而言之”“举例来说”……看似简单的提问，却能带来思维方式的真正转变。只要坚持运用这样的方式去引导，就可以培养孩子的原因分析能力、自我表达能力、问题解决能力、抽象化思维能力等。

后3章的内容也非常通俗易懂，里面列举了大量的案例。作者还为大家分析了使用秘诀时，如何避免走入一些误区，可以说很贴心了。

这本书，成人可以自己用。现在我们提倡终身学习，成人可以使用这些方法改善学习方法，让自己更好地持续学习。

这本书，父母和老师也可以用来帮助和指导孩子们学会一些学习方法。有的父母只要一辅导孩子做功课，就特别容易急躁，很容易把孩子在学习上存在的困难归结为态度不好、不专心等。如果父母能够从学习方法上入手，减少对孩子不必要的指责，就能提高孩子的学习效率。

希望无论是成人还是孩子，都能通过这本书，掌握自主高效的学习秘诀，找到内心真正的动力，感受到学习的乐趣。

发展心理学博士 陈忻

序二
说到底，成长是孩子自己的主场

孩子总被催催催、赶赶赶，但还是磨磨蹭蹭、磨磨唧唧？说了八百遍，但孩子还是纹丝不动？

这些每个父母都在挠头的问题背后，不见得是孩子态度不端正，也不全是孩子能力有问题，根本症结在——孩子内驱力不足。就像孩子的发动机不工作，父母非要推着往前跑，后果只能是催一下，动一下，越催，越不动。如此恶性循环，孩子和父母，可真是要累坏了！

但很多时候，并不是孩子不“自驱”，而是父母“外驱”的力量太强大，把孩子生生挤出了自己的主场。很多父母并没有意识到，但更多父母虽然意识到了，却苦于没有方法。《都在学习，为什么差别这么大》这本书，就给出了背后的底层原因——孩子缺乏自主思考能力和后续的系统改变方法。10 大秘诀，帮孩子实现“自主”“自觉”“自驱”！

因为工作的缘故，我见过很多“陪读”妈妈和“鸡娃”爸妈，他们绝大多数在孩子高年级的时候，都会感到力不从心。三年级效应、初二拉垮、高二难题，崩溃的从来都不是孩子，而是父母，父母没有在孩子小的时候帮他们找到内在动力，一直在无效地付出。陪，最终是为了不陪；而教育，目标应该是为了自我成长。想让孩子吃鱼，我们一定要教他捕鱼的方法。

真正尽责的父母，是尊重孩子原本的样子，帮孩子找到兴趣点和内驱力，把孩子带到“他想去的地方”，而不是一味地狼性法则，一味地“鸡娃”，用各种课外班和兴趣班填满孩子的日程。

因为，只有单项技能强并不值得炫耀，2 岁认 3000 字，或者 3 岁背 300 首唐诗，从小拿了多少个证书，这些并不会真的让孩子更有学习能力，一时的、单项的成绩，不代表永恒的素养和可持续的竞争力。

作者举了一个非常形象的比喻，他把孩子的大脑比作电脑系统，把各种学习内容比作软件，家长不能只一味地装软件，升级系统才是关键！

而所谓升级系统，就是通过后天的努力，提高孩子大脑的自主思考能力，激发出孩子的真正动力。系统升级了，软件一装，就可以轻松使用。

那么，怎样才能升级孩子的大脑系统，提高他们的自主思考能力呢？答案是，在日常生活中。

教育就像马拉松一样，只有通过日常生活中日积月累的练习，才能激发孩子的内驱力、好奇心和求知欲，真正提高孩子的自主思考能力。因此，作者给我们列出了 10 个秘诀，家长可以带孩子在日常生活中练习使用这些秘诀，来引导孩子自主思考。

1. 为什么（原因分析能力）

2. 怎么想（自我表达能力）

3. 如何做（问题解决能力）

4. 简而言之（抽象化思维能力）

5. 举例来说（具象化思维能力）

6. 要享受（积极思考能力）

7. 是为了什么（目的意识）

8. 原本是（原点回归能力）

9. 如果（假说构建能力）

10. 这是真的吗（问题意识）

这些看似简单，然而每一个秘诀背后，都代表了一种重要的思维方式，可以激发孩子的积极性和创造性，引导孩子自主思考。这些秘诀，就是优等生学习成绩优秀的真正秘诀，也是作者在30多年教育实践中反复验证的教育真谛。

积极心理学之父马丁·塞利格曼曾经说过，幸福的生活，是每一天都用自己的优势去创造真实的美好和丰富的满足感。

如果孩子能够在日常生活中坚持使用本书介绍的10个秘诀，就可以拥有自主思考的“内驱力”，并发自内心地喜欢学习，懂得调用资源为目标服务，还能持续解决问题。这些“学会学习”的底层方法，一定会让孩子受益一生，并让他们可以走得更远、更幸福。而父母只需要做孩子的脚手架，一步一步把孩子带向“他能够并且想要到达”的地方。

如果每个父母都能学会书中的10大秘诀，或许我们的孩子就能站在巨人的肩膀上，拥有自驱、自主、自信的人生！

“亲职帮”创始人、3个娃的咨询师妈妈 晴天妈妈

前言

自从小学一年级开始念书以来，无论是在对成绩开始有所在意的初中阶段，还是在备战高考的高中阶段，许多人恐怕都曾产生过这样的疑问：

“同样都在学习，为什么差别会如此之大呢？”

至少，我自己确实曾经有过这样的疑虑。读高一那年，我考进了当地的重点高中。学校里都是当地各所初中的尖子生，所以我在第一学期的期中考试前全力备战，苦读了好一阵子。

那次考试，我考到了班里的第 10 名（全班共有 40 人）。可能大家会觉得在重点高中考到全班第 10 名已经很好了，但是为了那次考试我真的已经拼尽了全力，所以看到这个结果的时候还是觉得十分愕然。

那次考试的前8名都是女生，第9名是一个男生，第10名就是我。期中考试之前，那几个女生纷纷表示自己完全没有复习，不知道该怎么办，而我还傻乎乎地主动提出要将笔记借给她们，甚至还替她们暗暗捏了把汗。

令人难以置信的是，考试结束后谈起分数时，这几个人中居然有人说自己考了97分（我考了76分）。从此以后，我就再也不相信那些女生说的话了。

到了高中二年级，我和一帮“不务正业”的朋友整日混在一起。这些朋友要么热衷于运动协会的社团活动，怎么看都不像是在认真学习的人；要么就是成天只想着参加轻音乐方面的课外活动，把读书统统抛在了脑后。

然而，我的这些朋友却都考上了重点大学，而我却只能选择复读。

“为什么？？？”

“肯定是我们的智商不一样。”“他们就是天才。”当残酷的事实摆在眼前的时候，我也只好用一些依靠努力无法超越的理由来宽慰自己。

当时，我从来没有考虑过为什么我们之间会产生如此大的差别。随着时间流逝，我们之间的差距也变得越来越大。

然而事实上，**在“同样是上课，同样在学习，为什么差**

别如此之大”的背后，其实蕴藏着某些明确的原因。

佼佼者具有的本领，其实一直没有人告诉你

到了 20 岁的时候，我才第一次意识到了这一点。在对此有所领悟之前，尽管我在学习上比别人付出了两倍甚至三倍的精力，然而却还是遭遇了两次高考落榜。复读的那两年，我跌入了命运的谷底，但那也是我人生中的一次转机。

究其原因，应该归功于我当时的一段经历。我用了半年时间将语文成绩提高了几乎一倍（从 40 分提高到了 75 分），这并非是我找来了高人进行辅导，而是我在陷入低谷时随心做了“一件事”。

随着语文成绩的提高，我其他科目的分数也开始出现了惊人的飞跃——与高三那年相比，尽管我在第二次复读时的学习时间少得可怜。不过我仍在思考自己“为什么会提分这么迅速”，也不禁感慨为什么之前没有人告诉自己，只要掌握了学习的秘诀，学习其实可以很轻松。

事实上，**这一切都要归功于“看待事物的方式”（思维方式）**。仔细想来，高一时我同班那些女生就已经采取了这一方式，我的那些不用复读就能考上重点大学的朋友们其实也同样如此。

虽然他们能够在高中阶段就掌握这一技巧是一件足以令人感到非常震惊的事情，但**由于这种本领在他们看来并不稀奇，因此也就无法传授给其他人。**

与此同时我还发现，**虽然这一技巧有人不用通过特别的学习就能掌握，但通过后天的努力其他人其实也可以达到相同的水平。**

我在20岁时创办了一家培训机构。通过对近5万名学生进行辅导之后，我发现成绩优秀的孩子优秀的原因正是上面我所讲的。

此后的30多年间，我作为初高中一贯制私立学校的负责人，同时在上市公司的企业培训和咨询顾问中，曾与诸多人士有过接触。在了解了他们的情况之后，我更是觉得“同样是上课，同样在学习，为什么差别如此之大”的现象不仅存在于学习中，在商业等其他领域其实也同样存在。

同样是学习，造成结果不同的原因到底是什么

造成结果不同的原因非常简单。正是因为简单，所以人们可能压根就没有意识到。

因此，这一原因一直无人提及，不知不觉之间也就成了颇有天赋者之间的秘密。鉴于此，我做了下面这些工作。

一方面，我通过每年 400 余场的讲座和研修会等形式给大家讲“造成结果不同的原因”与“如何才能达到佼佼者的水平”。

另一方面，我在日本的网站上写了 180 多篇文章，也曾发表过关于这一主题的文章，题目是《同样都在学习，结果却不尽相同的根本原因——优等生与中等生之间竟存在着这样巨大的差异》。

该篇文章在我的 **180 多篇文章之中，引起了有史以来最为热烈的反响**（265 万浏览量）。

我收到了全国各地网友的诸多留言，还有许许多多的实操案例及成果汇报。既然有这么多人做出了相应的改变，我希望能有更多的人体验到这一变化，于是便有了本书的诞生。

简而言之，造成结果不同的原因如下（详见第 2 章）。

我们将学习者分为三种不同的类型，不同类型间的差异显而易见。

【类型 1】看起来好像在学，其实根本没有学习的欲望。

【类型 2】只在课堂上或工作中进行学习。

【类型 3】除了睡觉之外，其他一切时间都与学习挂钩。

无论【类型 1】与【类型 2】的人再怎么努力用功，都不可能超过【类型 3】。究其原因，就在于**除了睡觉时间之外，【类型 3】的人一直都在学习**，而这也正是不同类型之间存在差异的关键所在。

那么,【类型1】和【类型2】的人怎样才能转变为【类型3】的人呢?

尽管在本书中可以找到这一问题的具体答案,不过**我还是打算先来提一下所有人都能轻松搞定的10大秘诀。**

运用10大秘诀,能够有效提升大脑的认知水平。

衷心希望大家能够对学习的"效率"有所体会,也希望孩子们能够提高内心的自我认同感。

让社会上的每一个人都能够学会自我认同

无论是孩子还是大人,对自己丧失自信者绝非少数。虽然其背后的成因多种多样,但"不会学习"或"不会工作"是其中的一个重要原因。

特别是现在有很多初中生和高中生错误地将"不会学习"与"自我否定"画上了等号,他们的自我认同感也一直不高。

自我认同感不高也同样反映在统计数据中(详见XVI页图表),而且这一情况很有可能是因为在学习方面受到过打击。

对于成年人来说,如果在工作中表现不佳的话,那么自我认同感应该也不会太高。一直被人贴着"办事不靠谱"的标签去上班,想必也是一件非常痛苦的事情吧。

然而**事实上，“不会学习”或“不会工作”在很多情况下只是一种错觉而已。**某一次的失败让人陷入了这种错觉，从此便一蹶不振，认为自己一事无成的例子同样屡见不鲜。

一直以来，无论是在学习、工作还是体育竞技方面，人们都将“拼搏、坚毅、奋勉”精神视为成功所需的要素。

不过，奋力拼搏却并不意味着一定就能成功。如果不能养成正确的“看待事物的方式”（思维方式），再多的努力也无济于事。

通过阅读本书并理解了“做同样的事情，结果却不尽相同”的具体原因之后，我们不妨试着将这一原理运用到你的孩子或你的下属身上。

别再为了孩子的学业担心，也别再为了下属的工作费神。

当然，我们更不需要责备自己。

接下来，就让我来带你一探究竟吧。

石田胜纪

高中生在自我认知方面的相关调查数据

◎我有一般人的才能

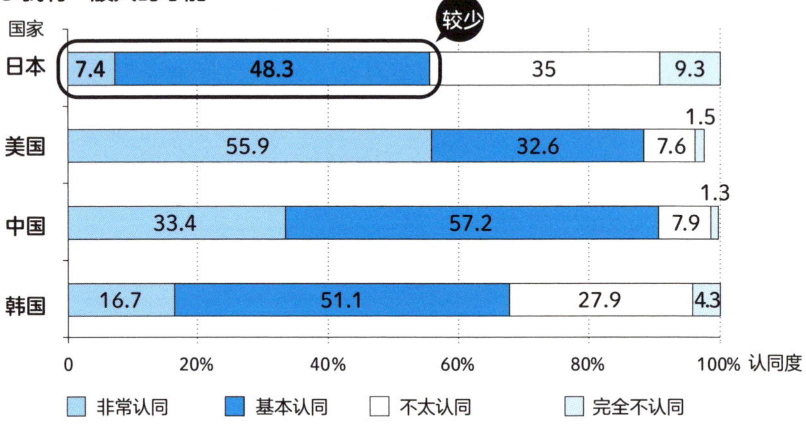

◎我曾经认为自己是个失败的人

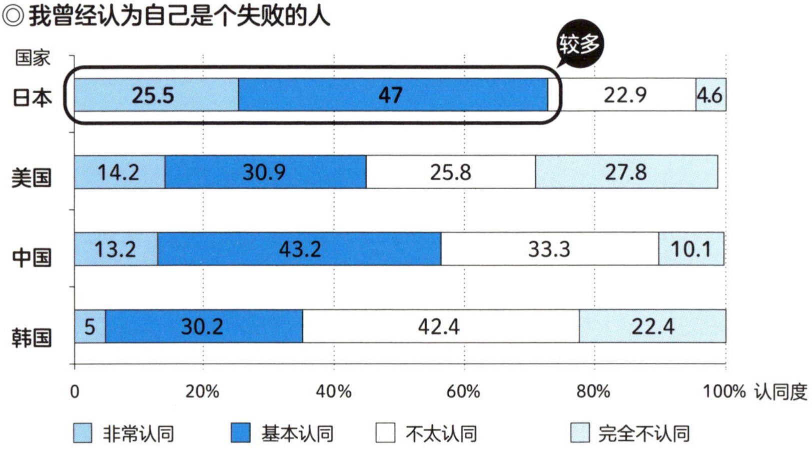

资料来源：2015 年青少年教育振兴机构，调查对象为高一至高三的学生。

目录

第 1 章　同样的环境及条件下，为什么会存在差异

第 2 章　学习的三种类型

第 3 章　佼佼者的大脑构造异于常人吗

第 4 章　“善解其意”与“不明就里”的根本区别

第 5 章　大脑系统的升级方法 1：学会存疑

第 6 章　大脑系统的升级方法 2：学会总结

第 7 章 进一步强化大脑系统的五大秘诀

后记

升级大脑系统的“十大秘诀”

1 **培养原因分析能力**……………………为什么

2 **培养自我表达能力**……………………怎么想

3 **培养问题解决能力**……………………如何做

4 **培养抽象化思维能力**…………………简而言之

5 **培养具象化思维能力**…………………举例来说

6 **培养积极思考能力**……………………要享受

7 **培养目的意识**…………………………是为了什么

8 **培养原点回归能力**……………………原本是

9 **培养假说构建能力**……………………如果

10 **培养问题意识**…………………………这是真的吗

第1章

同样的环境及条件下，为什么会存在差异

在第 1 章中，我们将对“同样的环境及条件下存在差异”的具体事例展开讨论。

其实，大家应该都曾有过类似的感受。现在就请一边回忆自己身边的相关案例，一边继续阅读本书吧。

【案例 1】同样是上课，同样在学习，有的人金榜题名，有的人却名落孙山

大家的身边应该都曾有过无论什么事情都可以出色完成的朋友吧。

比如在读初中的时候，有人不仅成绩优异，而且音乐、美术、体育样样精通，甚至在学校的集体活动中也能起到带头的作用……

我在小学阶段有过这样一个朋友，他“会学习”的程度

远非常人所能及，他看起来好像从来没有刻苦学习，但是成绩却很优秀。

尽管他各门功课都表现出色，但却意外地和我考进了同一所公立初中，这所初中并不出色，而且学校里还有不少混日子的学生。以他的能力来说，小升初应该轻轻松松考入重点初中才对。

读初中时，我的这个朋友加入了学校的学生会。我们学校里的差生人数不少（一个年级 400 人，有 80 人是差生），我不禁担心他在这样一个环境里如何立足，万万没有想到，他竟然和那些学生也打成了一片！

在学校里，他不仅从来没有被人欺负过，而且还很享受那几年的初中生活。在初中阶段，他的学习能力依然出众，随后更是考入了当地的公立重点高中。

我也考入了同一所高中，所以对于他此后的情况也知道得比较清楚。他在高中阶段选择了为期一年的海外留学，之后便顺利考入了日本首屈一指的重点大学（一桥大学）。

我虽然在小学、初中及高中和他都上的是同一所学校，但是上高中后我却在读书上吃了不少的苦头，复读了两次才考上大学。

我和他明明都在同样的学校和辅导班念书，为什么差别却如此之大呢？曾经我一直认为，这是由于大脑的先天构造不同造成的。然而，**后来受一件事启发，我竟找到了一个出乎意料的原因。**

【案例 2】有的人练上 10 遍就能学会骑车，有的人练上 100 遍却还是不会

大家小时候都学过骑车吧，不知道你们是一学就会，还是费了半天劲依然骑得歪歪斜斜呢？

有了孩子之后，在孩子学习骑车的时候，我第一次有了“这个孩子上手很快”“那个孩子学起来很费劲”的认识。原来，孩子与孩子之间是存在个体差异的。

不过，人们大多会将造成这种差异的原因归结为运动神经发达与否，而且不会对此抱有任何疑问。

事实上，有些孩子只要听上一遍骑车的要领，再练上 10 来次就能掌握骑车的技能，而有些孩子却怎么也学不会。

如果同样的情况发生在跳箱子和单杠运动上，人们将“上手快”误以为是运动神经发达似乎也不无道理。然而，这些很快就能学会骑车的孩子在学习某种乐器时也一样能够迅速上手，在上过数学课后同样能够轻松解题。

乐器、数学与运动神经并无关联，那么造成这一差异的原因到底是什么呢？

【案例 3】对老师讲的内容，有的人一听就懂，有的人却听不太懂

在学校里，有的学生对老师讲的内容一听就懂，有的学生却听不太懂。

其实，一遍听不懂没有什么大不了的，只要反复多听，能够理解就可以了。

不过我在这里想要谈的是，为什么有的人能够一听就懂，有的人却听不太懂。这其中有很多原因。

比如，有的时候造成这种差异的原因在于学生是否能够明白老师在讲解时所使用的表达方式。在这种情况下，词汇量的差异确实影响学生的理解。

除此以外，能否聚精会神地听老师讲课也是造成这种区别的原因之一，学生本身是否对学习抱有热情当然也会导致不同的结果。

虽然上述原因确实客观存在，**但我们不可否认的是，即便是在相同的条件（词汇量、注意力、学习热情）下，每个人对于事物的理解程度依然存在差异。**

那么，除了上述原因，到底是什么造成了这种差异的存在呢？

【案例 4】有的人语文学得很好，有的人却很差

不知道正在阅读本书的读者朋友中有多少人语文很好呢？不瞒你说，我在小学、初中和高中一共 12 年的时间里，语文一直都很糟糕。

不过，正如我在“前言”中所提到的，后来在我 20 岁的那一年，终于因为一件事的启发，我的语文成绩很快就提高了。

我终于知道了语文成绩不好的人所看到的文章背后的世界与语文成绩很好的人所看到的世界有何不同。

对于同一篇文章，语文很好的人和语文很差的人“看到”的东西截然不同。虽然这可以理解为阅读能力的差异，但是不知为何，此前从未有人明确指出过这一点。

究其原因，其实是教授语文的老师一般在念书时语文都很好，有些曾经还是文学青年。事实上，小时候就喜爱阅读，并因此逐渐走上了当语文老师道路的人是非常多的。

这样的老师在面对弄不懂语文题目的学生时，往往会说，你回去多读读文章就明白了。

正因为老师能够读懂文章，所以就无法理解读不懂文章的学生。

也就是说，老师根本不知道“读不懂文章”是一种什么样的体验。正如俗话所说，“好的选手不一定是好的教练”。

适合当教练的人，一定得经历过从生疏到熟练的过程，其原因也正在于此。

但是，就算上的是同一节课，为什么还是有的人语文很好，有的人语文却很差呢？

【案例 5】有的人能在国外学到很多，有的人却不能

最后，我想再给大家讲一个成年人的案例。这是我与一位校长一起去国外考察时发生的故事。

当时我正与这位校长走在波士顿的大街上，这位校长不仅对街上的很多事物表现出了浓厚的兴趣，而且还就此聊到了自己的一些想法。

在这一过程中，我被异国的风景深深吸引，这位校长接收的信息却比我多出了太多太多。

我之所以会这样认为，是因为考察结束后的欢送宴上，每个人都会上去谈一谈自己本次考察的所见所感，这位校长所提到的内容之丰富远在我之上。

还有一次，我与一位得道高僧一同在国外旅行。当时我们也是一起在街上散步，我不仅被这位高僧的渊博学识深深折服，更震惊于他能获取到的大量信息。

不仅如此，这位高僧还能很快弄清当地的地理方位，就连街上那些咖啡店的位置都能记得非常准确。当时我们走了大概半个小时后，这位高僧问我："石田，咱们刚刚走过的这条街上有三家挺别致的咖啡店，你说去哪一家好呢？"（而我对咖啡店根本没有什么印象。）也就是说，仅仅在街上逛了半个小时左右，他就已经将这条街道的情况掌握得清清楚楚了。

同样是在国外旅行，这位高僧接收到的信息量肯定是我的 10 倍以上。

在这一差异的背后，到底隐藏着什么原因呢？

以上就是我举的事例。除了上述这些例子之外，想必生活中还有很多相似的情况。

而在此之前，我们甚至从未思考过造成这一情况的原因。

如果这一原因能够得到解释，并且大家都能按照成为佼佼者的具体步骤来的话，**我们就可以"看到"与此前相比截然不同的世界。**如此一来，大家的好奇心便会被调动起来，从而找到自己内心真正想做的事情。

而孩子们也可以就此提高自己的学业水平，并且更有可能发掘出自身的才华与优势。

东京大学的学生为何能够举一反三

在本章的最后，我想借助东京大学（简称东大）学生所具有的特征来对“产生差异”的主要原因做出解释。

我在东大读硕士和博士的时候，曾经与不少东大的学生打过交道。

每次与他们对话时，我都会产生一种“和他们交流非常轻松”的感觉。因为他们不仅能够一听就懂，而且还能触类旁通，也就是我们所说的“举一反三”。

所以，和他们对话不仅不需要费力解释，也不需要进行额外的补充，交流起来可谓非常轻松愉快。

我当时常常感慨：这些东大学生到底是有多聪明啊！

此外，我经常在演讲中提到“**东大学生的三个共同点**”，在这里我也想简单地聊一聊这三点。

1. 词汇丰富。

2. 专注聆听。

3. 主动发言。

第一点很好理解，简单来说就是学生的语言表达能力很强。

无论这一能力是从平时的阅读中学到的也好，还是为了应试学会的也罢，他们在说明某一事物的时候，由于自身掌握的词汇十分丰富，因此都能选取不同的说法来进行说明。

第二点表现得尤为显著。尽管我开口说得很少，他们依然能聚精会神地听我讲话，而且听得非常认真，甚至让我觉得有些不好意思。

事实上，仔细聆听别人讲话也意味着自身要保持专注。换句话说，他们平常总是集中精力聆听。

一个人的专注力与记忆力成正比，所以东大学生记忆力非凡，潜在因素之一就在于“仔细聆听”。

第三点他们表现得同样较为明显。在仔细聆听对方讲话的同时，他们还会对谈话的内容进行回应，并阐明自身的观点。

即便是谈到无足轻重的日常小事，他们依然如此。

由于这样的行为习惯已经深入他们的日常生活之中，因此不难想象，即便是在学校或辅导班偶然瞥了一眼的语文或数学题目，东大的学生们也会自然而然地做出上述反应。

也就是说，**对于东大的学生而言，学习早已是生活的一部分，无论是平时和朋友聊天还是课堂上交流问答，皆是如此。**

第2章

学习的三种类型

为什么有的人能够拔尖，有的人却不能

在我所写的 180 多篇文章中，本书所用到的文章是一些反响非常大的作品，不仅有的浏览量达到了 265 万次，而且还在脸书（Facebook）上获得了 4500 余次的点赞。

在正式进入本章所要谈论的内容之前，我姑且先将以前刊登过的一篇文章转载于此，还请大家先简单了解一下。

提问

我一直都对您的连载文章很感兴趣，这次是想找您聊一聊我的烦恼。我家有两个孩子，正在念初三的女儿和正在念初一的儿子。这两个孩子在学校听讲都挺认真的，也都在上课外的辅导班，成绩也还算不错，但并不是拔尖的学生。

在我看来，这两个孩子读书都很努力，但怎么也达不到班里拔尖（第一名或者第二名）的水平。

“在学校里上的都是一样的课，课外辅导班也是同一个班，明明朋友和我上的课一模一样，他们却可以考试拔尖，为什么我就不行呢？”两个孩子总是这样嘟囔。

到底怎么样才能像别的孩子一样拔尖呢？如果您有什么好方法的话，还请不吝赐教。

（化名：嵯峨女士）

回答

嵯峨女士，感谢您的来信。

“上的都是同样的课，为什么差距会这么大？”这是一个非常好的提问角度，其背后隐藏着一个极其重要的问题。

读初中或者高中的时候，每每看到班上有那种成绩很好的学生，可能大家就会觉得：“为什么上的都是同样的课，他的成绩就那么好呢？就算去课外辅导班读的也是同样的课程，我们之间还是存在着巨大的差异。这到底是为什么呢？明明我也很认真地听了课呀……”

大家应该都有过一两次诸如此类的想法吧。

我们总会将其归结为一些无力更改的事情并借此来安慰

自己，比如“大脑结构不一样”“遗传因素”等。

当然，这些理由的确不无道理，毕竟一些天才少年可能确实如此。

而事实上，这样的天才少年是非常非常少的，在我们周围不可能有很多。

我们想到的原因可能还有学习方法的不同。

诚然，学习确实有很好的方法和规律，只要按照这一规律进行学习，每个人都能够成绩优异。

关于学习方法的问题，我在此前的文章中都展开过讨论，具体内容请参见我的其他作品。至于嵯峨女士谈到的情况，考虑到您的孩子成绩还算不错，所以我不认为这两个孩子在学习方法上有什么明显不对的地方。

可能还有人将问题归结在应对考试时准备得不够充分，又或是考试过程中检查错题的方法不对等原因上，但是真正核心的问题恐怕并非如此。

那么，同样都在学习，差别却如此之大的理由到底是什么呢？

到目前为止，我亲自指导了近 5 万名学生的学习，并在东京大学研究生院对东大学生进行了为期 6 年多的采访，这些经历让我有了一个不小的发现，在这里分享给您。

先说结论，简单来讲就是一句话：**“学习成绩优秀的人，**

并不仅仅在上课时间才学习。”

这些拔尖的人一直在不断地进行学习，所以才能取得非常好的成绩。

正如前面所说，学习者大体上可以分为三种类型。

【类型 1】看起来好像在学，其实根本没有学习的欲望。

【类型 2】只在课堂上或工作中进行学习。

【类型 3】除了睡觉之外，其他一切时间都与学习挂钩。

【类型 1】看起来好像在学，其实根本没有学习的欲望。

这样的学生确实存在。其实我自己也不例外。在面对“上课真的好好听讲了吗”之类的问题时，这一类型的学生是无法给出肯定回答的。

具体来说，这类学生往往会乖乖地坐在椅子上，默默地将老师写在黑板上的内容誊写下来，只是在老师偶尔聊起题外话时才会竖起耳朵，仔细听听这些题外话讲了什么。等到老师重新讲到课堂内容时，他们又会再度开启机械化地抄板书的模式……

事实上，恐怕许多人都曾有过类似的经历。对于孩子们来说，学校课堂占据了他们一天中的大部分时间，如果在课上采取这种方式的话，那事情可就大大地不妙了。

按照正态分布，这一类型的学生人数占到全体学生的 69%

左右。如果按照满分为 5 分来打分的话，这类学生属于 3 分以下的水平。

【类型 2】只在课堂上或工作中进行学习。

这类学生能在课上好好听讲，课下复习、预习并按时完成作业，即他们是在学习时间内能够认真钻研的学生。

在公立学校中，这种类型的学生往往能够取得较好的成绩——毕竟大部分学生属于上述第一种类型。

嵯峨女士的两个孩子应该就属于这一类型，所以这两个孩子的成绩在班里还算不错。

从正态分布来看，这一类型的学生人数占到全体学生的 24% 左右。按照满分为 5 分的标准来打分，这类学生可以达到 4 分的水平。

【类型 3】除了睡觉之外，其他一切时间都与学习挂钩。

这一类型的人最为出众。可能大家会质疑这样的人在现实生活中是否真实存在，答案自然是肯定的。

东京大学就有很多这样的学生。他们有一个共同的习惯：**无论是在和人聊天，还是在看电视，抑或是在街上散步，都会产生丰富的感受并勇于提出自己的看法。**在这一习惯的影响下，他们不仅在学识上得到了提升，思考问题的能力也会不断加强，而且还养成了良好的自我表达能力。

就拿从家走到车站这一段路程来说，如果没有发生什么明显的变化，大部分人不会对其有所关注。**但是对于这一类型的学生来说，他们却能够发现许许多多的不同之处，并由此展开多角度的思考。**

与【类型1】和【类型2】的人相比，【类型3】的人在能够获得的信息量上存在着巨大优势。关于这一点，只要和【类型3】的人一起去旅行一次便能够直观感受到。因此，【类型1】与【类型3】的人在经验中获取的知识可谓天差地别。

这一类型的学生在正态分布中占比为7%左右，也就是满分为5分时的5分水平。

这样想来，即便**上的是同样的课程，差别却如此巨大也就不难理解了。**

课堂中如此，日常生活中更是有着明显的差异。

那么，怎样才能成为【类型3】那样的人呢？

为此，我们必须要明白“**发觉的乐趣**”、“**认知的乐趣**”和“**思考的乐趣**”，尽管这些乐趣可能无法轻轻松松地为人所感知。

不过，在对许多学生进行过指导之后，我掌握了一个极佳的方法。

那就是“鼓励人们提出与众不同的想法”。

也就是说，站在指导角度的人需要借助“**还有其他意见吗**”“**还有其他看法吗**”等问题来对学生进行引导，促使他们产生新颖的想法。

通过这一引导，学生便能够自发形成“**发觉—认知—思考”的思维模式**。

在这一过程中，我们一定不能对其发言内容进行否定。**一旦形成这样的良性循环，大脑的思考方式也会随之发生变化**。

嵯峨女士，您不妨从日常生活开始，在交谈中试着引导孩子们提出“与众不同的想法”吧。

等到这种思维模式形成之后，便会给孩子们的学业带来巨大的影响。

此外，在写这篇文章的时候，我对于“如何成为【类型 3】那样的学生”这一问题所给出的答案主要集中在“拥有与众不同的想法”这一点上。

作为辅导机构的创办者，上文只是我在指导学生时所用方法的一个案例，其实还有一个更为“核心的办法”，是我没有在连载文章中写出来的。

这篇连载文章中提到的**“学习的三种类型”正是相同环境及条件下取得成果不尽相同的理由所在，**接下来我将对其进行更为具体的论述。

【类型 1】看起来好像在学，其实根本没有学习的欲望

第一种类型是**“看起来好像在学，其实根本没有学习的欲望”**（即便看起来好像在学，其实并没有真正用心）。

我来举两个例子。

● 学生虽然坐在椅子上乖乖听课，但是课上的内容几乎一个字都没听进去。

● 学生尽管坐在椅子上听着课，其实只是机械地抄着黑板上的内容而已。

这种类型的学生并非对课上的内容完全听不进去，当大家开始讨论或者老师讲了什么有趣的事情时，他们便会竖起耳朵认真听。

因此，这类学生获取的知识是碎片化的，无法在大脑里形成相应的体系，仅仅听了一遍也就过去了。

这种类型的人到了职场又会如何呢？想必他们只会麻木地接受工作，不会主动思考工作背后的问题吧。

不仅如此，他们能够胜任的工作也仅仅只是不需要太多思考的流水作业，他们也不会抱有进一步学习深造的想法。

也有特例，尽管无心学习，但有很多人却能够取得不俗的成绩。这些人也被称为“具备天才型能力的人”。

对于这类人来说，乍看上去他们好像并没听人讲话，也没有什么学习的欲望，只是活在自己的世界中。然而事实上，他们一字不漏地全都记在了心里，而且还在大脑中归纳整理了一番，自然也就吸收到了其中的知识。

不过，这种情况只是极个别的“特例”而已。

【类型 2】只在课堂上或工作中进行学习

这种类型是指仅在课上学习或者只在工作中学习的人。这一类型的人在实际生活中应该不少，其实就是我们所说的认真听课、认真工作的人。

这一类型的人不仅能够得到别人的信赖，而且确实也能取得一定的成绩。

这一类型的人成绩并不是不好。人们将这一类型的人归为“优秀”，无论在学校还是在工作中，这类人应该都能够做到游刃有余。然而，**这一类型的人终究还是会遭遇瓶颈，无论是学生还是职场人士。**

这一类型的人通常具有以下三个特征。

1. 经常提到“兼顾”一词。

学生们总是在说“兼顾学习和游戏”“兼顾成绩和社团”，而职场人士则喜欢把“兼顾工作和生活”挂在嘴边。

既然提到了**“兼顾”，其实就是将不同的事情拆分考虑，**因此如何才能顺利保持两者的平衡，也就成了这一类型的人需要思考的问题。

2. 认为“干劲”“毅力”“努力”十分重要。

当然我的意思并不是这些词不好。相反，这些词都非常美好，遗憾的是，**人们是通过主观想法来进行自我驱动的，所以想要一直坚持下去绝非易事。**

也就是说，这一类型的人很可能会面临这样一种风险，即一旦丧失动力就会立刻一蹶不振。

3. 没能拔尖时容易自责。

【类型 2】的人很少能取得最好的成绩。虽然他们认可“付出就有收获”并不断努力奋斗，但一般达到良好水平也就止步不前了。

如果按照满分 5 分来打分的话，这种类型的人可以拿到 4.5 分，很难达到满分的水平。

不仅如此，这种类型的人往往还会因为自己付出了努力却无法拔尖而感到自卑或负有愧疚感。在极个别情况下，这种自卑感还有可能会演变为嫉妒心理，并最终感到绝望而选择放弃。

综上所述，**只在课堂上学习的人终究还是会遭遇瓶颈。**

当然，这一类型的人并非都将目标设定得十分远大，有些人可能只想不要混得太差就行。

不过需要大家注意的是，如果内心感到自卑，或对那些到达顶峰的人心怀嫉妒的话，无论怎么努力，也不会取得十分优秀的成绩。

【类型 3】除了睡觉之外，其他一切时间都与学习挂钩

第 3 种类型与第 2 种类型的人相比，**二者的学习时长存在着巨大差异。**

让我们来看一个学生的例子。假设这个学生每天在学校学习 6 个小时看起来似乎学得不少，然而一天用来学习的时间也只有 6 个小时而已。

对于第 3 种类型来说，就算每天要睡足 8 个小时，除去吃饭等时间，算下来学习时间也能达到 10 多个小时。

等到第3种类型的人进入职场，无论是上下班途中、午休时间、法定节假日里，还是在咖啡店里放松休息或与别人聊天的时候，他们都会思考和学习。

对于这一类型的人来说，在非工作时段内获得的灵感、技能和方法，自然而然地能够在工作时段派上用场。也就是说，虽然表面上看起来他们的时间有工作时段和非工作时段之分，但是他们在这两个时段却都在想着工作。

很多学生都有这样一种误解，认为只有坐在桌子旁边才算是在学习。更为有趣的是，很多父母只要看到自己的孩子坐在桌旁学习，心里就会觉得踏实。

事实上，规规矩矩地坐着看书只是学习的一部分，真正会学习的孩子，**他们除了伏案学习之外，还有大把的时间思考，而且还能将其灵活地运用到伏案学习中去。**（在学习科学的领域里，人们将第2种类型归为“想学就学”的“主观性学习”，而将第3种类型归为“从周遭事件中也能有所收获”的“偶发性学习”。）

虽然从占比而言，第3种类型的人数并不太多，但是我目前为止还是指导过一些这样的学生的。不仅如此，这一类型的人在我认识的商业人士中也同样存在。

他们在各自的领域中拥有着出色的能力，而且也能够轻松做到享受学习、享受工作、享受人生。

【类型 1】和【类型 2】的人能否成为【类型 3】呢

那么问题来了。

“第 3 种类型的人，是出生的时候就天赋异禀吗？”

在普通人眼中，天才确实有着过人的天赋，然而我要告诉大家的是，**第 1 种类型和第 2 种类型的人，其实是可以通过后天的努力转变为第 3 种类型的。**

为了实现这一转变，我们首先必须要明白一件事情。

那就是，**为什么第 3 种类型的人能够除了在睡觉时间之外，一直都在学习？**

这一问题的答案出人意料地简单，而这也是我编写本书最大的目的。

在知道了这一问题的答案之后，请务必试着将自己、自己的孩子，还有自己的下属“升级”成第 3 种类型的人。事实上，这一升级并非难事。

关于第 1 种类型、第 2 种类型与第 3 种类型之间存在差异的“秘密”，我们将在下一章中具体展开。

第3章

佼佼者的大脑构造异于常人吗

在上一章的最后，我们谈到了“为什么第3种类型的人能够除了睡觉时间之外，一直都在学习”这一问题。

大家可能很容易想到是因为他们天生聪明。也不是别人教的，可他们就是能够做到只要醒着就一直都在学习。

说得更通俗易懂一些，我觉得**“所做的一切都是在学习”**其实就是“大脑系统的版本更高”。

可能大家会问：“大脑系统是什么？版本又是什么？”

事实上，“系统”一词在如今的计算机领域可谓家喻户晓。近些年来，随着智能手机的普及，越来越多的人开始频繁使用“系统”一词。

那么，就让我们从“系统”的含义开始讲起吧。

“电脑系统的版本很高”是什么意思

“系统”是计算机领域的一个专业术语，其英文全称是“Operation System”，如 Windows 系统、Mac OS 系统等。此外，智能手机中也安装有系统，如 IOS 系统、安卓系统等。

与系统相关的一个词叫作软件，如 Word、Excel、PPT 等。对于智能手机来说，软件就是应用程序，也被称为手机软件。

对于计算机来说，系统和软件都是不可缺少的组成部分。

没有了系统的支持，软件就无法启动。那么，让我们来思考一下这样一个问题。

以 Windows 95 系统为例，这一系统于 1995 年诞生，随后在全球范围内得到了普及，因此该系统被称为 Windows 95。

毫不夸张地说，这一系统的问世掀起了一场计算机革命，Windows 系统在全球电脑系统中的占有率也取得了很大的优势。

那么问题来了，如果想在 Windows 的最初版本 Windows 95 中安装后来才出现的文档软件 Word 2019，你觉得能够成功吗?

是的，答案当然是否定的。从经验上判断，数年前的电脑系统无法安装现在的应用软件似乎并不难理解。

就算我们将新的软件装进了旧版的系统之中，电脑也会很快就无法运行了。

当然了，如果是 Windows10 系统的话，那就能顺利安装 Word 2019 并且流畅运行。

通过这一例子，想必大家应该已经了解了系统与软件之间的关系了吧。

系统和软件其实都存在着不同的版本，匹配不当时，电脑是无法运行软件的。

乱装“软件”的父母，系统“宕机”的孩子

事实上，一个人的大脑也相当于一台电脑的系统。请设想一下，人类的大脑之中也存在与电脑系统相对应的“系统”。

不仅如此，人们每天还在进行着“软件”的安装。在这里，我们以小孩子为例进行说明。

对于孩子来说，英语、数学、语文、物理、社会等课程相当于一个个软件。孩子们在学校里要学习许多课程，换言之就是要**“安装各个学科的软件”**。

不仅如此，**这些学科软件每年还会进行升级更新，比如“初一数学”会升级成“初二数学”等。**

那么，系统会不会升级呢？随着孩子们年龄不断增长，大脑的系统也会不断地进行升级。

不过需要注意的是，有些孩子的系统版本可能会在一年

之内从 1 级升级到 2 级，而有些孩子则可能只是 1 级升级到了 1.1 级，还有些孩子甚至可能只是从 1 级升级到了 1.01 级。

也就是说，有些孩子只是进行了系统的微调，而**有些孩子则来了一个大幅度的升级。**

这就是“学识获得提升”的本质所在。

然而家长却往往习惯于采取各种方式给孩子“安装”各种“软件”（科目），比如逼迫孩子学习，给孩子疯狂报辅导班，等等。

事实上，在**系统升级成功之前，就算再怎么装一堆新的软件，做的也只是无用功而已，甚至还可能会导致系统的宕机。**

如果家长心里没有“系统”这一概念，就会一味地给孩子“安装”这些看得见又摸得着的“软件”。

大脑系统的版本是在哪个阶段确定下来的呢

读过上述内容之后，你有什么感想呢？也许有的人可能会心里一惊吧。

而我接下来要讲的内容，则会让人更为吃惊。

电脑在打包发货时，其系统的版本已经固定下来了。比如现在如果要买电脑的话，可能自带的是 Windows10 系统。

购入这样一台电脑之后，厂家会通过更新的方式提供系统的升级服务。系统一旦升级，电脑系统的版本就比刚买的时候更高。

那么，人脑又是如何升级的呢？

人脑会不会也像电脑一样，在“打包发货”时系统版本就已经固定下来了呢？

一般来说，人脑的系统版本确实在出生的时候就已经确定了。

很多人都认为“聪明是天生的”，其实说的就是这个道理。

根据一份名为《有关智力的遗传学及环境研究》的文献可以知道,已有文献不仅指出了“智力受遗传影响”,而且还认为“智力也会根据其后所处的环境而发生变化”。近些年来，有研究发现逻辑推理能力和空间想象能力受遗传影响约占七成。

与此同时，美国心理学家亚瑟·詹森提出了**遗传与环境相互作用**的观点，如今得到了普遍的认可。

也就是说，遗传性的特点能否得以发挥会受到环境的制约，而一个人的能力既是先天决定的，也会随着其后所处的环境而发生变化。

由此可以推断，大脑的系统应该也是这样的。换句话说，**大脑的系统版本虽然是天生的，但是也会随着后天的环境而发生变化。**

在看到专业的象棋选手或体育能力出众、艺术造诣颇深的孩子时，我们的确能够感受到每个人与生俱来的天赋各不相同（当然，他们确实也都有着能够使得天赋得以发挥的环境和训练）。

此外，也有一些孩子在学习上表现得十分出众，读书时甚至可以跳级。虽然我自己没有那么优秀，但是从我亲自辅导过近 5 万名学生的经验来看，确实有些小学四年级的学生就已经表现出了初高中阶段的能力，大大超过了仅凭常规教育能达到的水平。

对于这样的学生来说，人们一般会将其视为“特殊的孩子”，所以也就单纯地认为其“与众不同”“原本就聪明”，并不会考虑这个孩子与众不同的原因所在（即不去考虑系统版本的升级），只是急着“安装软件”（即各种学习科目）。

这样一来，**“干劲、毅力、努力”等关键词就派上了用场，“让孩子更努力”“学习上缺乏干劲”等说法也就不足为奇了。**

以上内容都是以孩子们为例进行的说明，其实成年人同样如此。

只要有了“系统存在着不同版本”这一前提，很多现象就解释得通了。

以成年人为例，我们依然可以将大脑按照系统与软件的关系进行拆分说明。

无论公司内的岗位如何轮换，总有人能够不断地做出成绩，而这种人的大脑系统版本相对较高。每次在岗位发生变动时，他们都不需要从头学起。**大脑的系统版本较高时，只要“装入”新的“软件”（新岗位的工作内容）就可以直接运行。**

当大脑系统的版本较低时，想要“安装”一个新的“软件”是十分困难的。因此，他们需要不断重复，经过若干年的重复操作后才能掌握。

虽然这一不断重复的过程无可厚非，但不可否认的是，有些人在面对新的工作时确实能够立刻上手。造成这种差异的原因就在于“系统的版本不同”。

主观提升系统版本的做法

在这里，我必须要指出两点。

1. 系统版本的高低与人生幸福与否毫无关联。

2. 系统版本可以得到主观的提升。

1. 系统版本的高低与人生幸福与否毫无关联。

系统版本较高时，做什么事情都能够得心应手。乍看之下，似乎这样的人能够过得非常精彩。

当然确实有人过得很好，但是需要注意的是，这样的概率并不是100%。

比如“珍视他人的人”更有可能得到幸福，而“排名靠前”“大脑系统版本较高的人”却不一定能拥有幸福的人生。

不过，**如果一个人大脑系统版本较高的话，那么他至少应该书念得不错，工作应该也做得很好。**书念得不错，意味着能够愉快度过在校学习生涯的概率较高，自我认同感也较高。

基于这一点，我一直都在讲如何提高大脑系统的版本。在实际指导学生的时候，我会按照**先提升系统版本，再讲授各个科目**的顺序进行操作。

2. 系统版本可以得到主观的提升。

上文提到，大脑系统的版本高低很可能是先天决定的，而且**还会随着年龄的增加而得到提升。**

假设一个成年人正在和一个三四岁的幼儿园小朋友一起玩耍。这里的玩耍不是大人陪小朋友玩，而是两个人作为同伴一起玩。

在这种情况下，大人恐怕会觉得小朋友的游戏过于简单乏味，可能很快就会玩腻了。之所以会产生这样的想法，是因为**成年人的大脑系统版本已经比幼儿园时提高了很多。**

人们处理信息并展开思考的能力会随着年龄的增长而提升。刚刚举的那个幼儿园小朋友的例子可能过于极端，不过让一个成年人去做中考语文的阅读理解，应该会比 15 岁时的自己更能读懂题意，也答得更好吧。

我曾经在面向成年人的学习座谈会上列出了几道高考语文题目。大家虽然在看到题目时都有些不知所措，但是最后都顺利回答出来了。

为什么长大之后明明不再学习语文，大家却能够做出高考语文的题目呢？

在我看来，原因就在于**成年人的大脑系统比高中时的版本更高。**

正如我之前提到的那样，智力受到遗传因素的影响，而其后所处环境的影响同样不可小觑。

也就是说，维持当下的环境不变也能够使人得到成长，而**有意地营造出适当的环境**能够收到更好的效果。

与此同理，大脑的版本会随着年龄的增加逐渐提升。

需要引起注意的是，在孩子考入大学之前，我们与其静静地等待大脑版本的自然提升，**不如对“某件事情”有所意识，从而实现更高的版本升级。**

大脑系统到底是指什么

上文我们对大脑系统进行了详细的阐述。那么，“大脑系统”到底指什么呢?

简单来说，**大脑系统就是指人的思考能力。**

“思考”一词包含诸多深意，很多人其实并不知道这个词到底意味着什么。

无论在日常生活中还是在学校、公司中，人们经常会用到“思考”这个词，比如：“好好思考一下！”“思考一下就能懂了。”“就是因为你没有好好思考，所以才会变成这个样子！”“大家一起思考一下吧。”

然而，很多人在使用这个词时却恰恰“没有经过思考”。

既然大人都无法理解其中的意思，小孩子就更加无法明白了。因此，当我们要求孩子或下属好好思考时，对方可能并没有听懂我们的要求，大脑也就容易“宕机”了。

这时如果再被批评“你根本没有认真思考”，“宕机”的大脑更是重启无望了。

而**生来具有较高系统版本的人，自然而然地就会进行思考，因此善于学习就是水到渠成的事情。**

对于这种类型的学生来说，除了英语、数学、语文等课程能取得好成绩之外，音乐、美术、体育等也都能够学得很好。等到长大成人之后，他们在工作方面也能够做到出类拔萃。

第4章

“善解其意”与“不明就里”的根本区别

能够读懂文义的孩子和看书不过脑子的孩子

上一章结尾处我们提到，**大脑系统就是指人的思考能力。**

人们大多会觉得“思考”一词过于简单而容易感到不屑，这次就让我们从一件让人震惊的事情开始讲起吧。

下文是一位母亲向我寻求帮助的故事。读了下面的故事，相信大家能对“思考能力”的具体含义有所了解。

提问

我儿子今年读初二。他语文一向学得不好，从小就不太爱看书。

我知道“阅读能够提高语文水平”，但我不希望强迫他去看书，所以他成绩一直马马虎虎。

因此，我到现在也不知道如何才能让孩子学好语文。

我觉得他可能是看不懂书里的内容，不知道有没有什么方法能够帮助孩子提高阅读理解的能力呢？还请您不吝赐教。

（化名：山口女士）

回答

“孩子语文不好，阅读能力很差，不爱看书。您有什么好方法吗？”类似的问题我已经被问过很多很多次了。

如果孩子还在读小学的话，除去小升初考试之外，其他时候大多是可以轻松过关的。一旦升入了初中，几乎所有人都要面临中考，所以再想轻松过关就不太现实了。

仔细想想不难发现，其实老师好像并没有教过我们如何学好语文。从小养成阅读习惯的孩子似乎语文成绩更为出众，但如果不是因为自己感兴趣而去读书的话，其实并不会有太大的帮助。

虽然读书是世界上最美好的事情，但是单凭读书已经不再是学好语文的必胜法宝了。而且，硬逼着孩子读书反而可能进一步加重孩子的厌烦情绪。

因此在对这个问题做出回答之前，我想先和您聊一聊“孩子学不好语文的根本原因”。

想必您见到过自己的孩子阅读时的样子吧。

无论是在家做试卷，还是读邮件、看电视上的字幕，其实都算是一种阅读。

事实上，阅读可以分为两种不同的方式。

第一种方式是**一边理解，一边阅读**。采用这种方式阅读，自然能够理解文中表达的意思。从某种意义上来说，这种方式将自己与文章融为了一体。

那么另外一种阅读方式是什么呢？那就是**看书不过脑子**。所谓不过脑子，就是眼睛在一行行地看字，而内容却没有看进去。

可能大家不太相信真的会有人采用这样的阅读方式来看书，事实是这样的学生大有人在。我自己，在高中之前也是如此。

对于看书不过脑子的学生来说，他们的语文一定学得不好，而其他科目也会受到影响。

一个人究竟采取的是上述哪一种阅读方式，旁人是看不出来的。毕竟我们所能看到的，只是一个人正在阅读罢了。

需要注意的是，这里存在一个巨大的陷阱——**正是因为旁人看不到其中的真正状况，所以才会感到毫无头绪。**

至于之所以我会明白其中的原因，是因为这是我从自己的实际经验中得出的结论。我的语文特别不好，从小学开始就一直如此。

等到了初高中的时候，语文课就成了我补觉或者休息的时间。课程本身很无趣，教科书的内容看起来也没什么意思，我真是一点儿兴趣都没有。当然了，那时候我的心理年龄也无法理解文章中所写的内容。

你要问我看书的时候都在干什么，其实我就是在一行行地看字而已啊。我做阅读理解就像在“寻宝”一般，自然无法轻易地找到题目的答案。

我一直处在这样一种状态下，根本无法理解文章的真正意思，因此想要学好语文简直就像白日做梦一般。

因为我缺乏理解文章意思的能力，所以英语也很难取得进步。不仅如此，我在学习数学时也只会一味地刷题，无法理解其背后的数学含义。这样一来，每次题目发生变化时我都不懂得灵活变通，结果又不得不按照新的“套路”来重新背下解题思路。

直到有一天，我终于迎来了转机，我的语文成绩在半年时间内从 40 分提高到了 75 分。

你能猜到这其中的原因吗？这一切的根源在于**我具有了思考的能力**。也就是说，我终于具备了**理解文义的能力**。

一旦具有了思考的能力，也就意味着具有了阅读理解的能力，因此语文分数也就得到了显著的提升。虽然每个人都能够具有这一能力，但是对于那些不会思考的孩子来说，因为没有人告诉他们思考的重要性，所以他们也就无法取得进步。

就我个人而言，我是在偶然陷入人生低谷时，在迫不得已的情况下拥有的这一能力。考虑到大多数人应该不会有像我一样的遭遇，所以通常也就不具备这样一种能力，只会不求甚解地度过自己的一生。

我后来在辅导机构中指导学生时发现，原来非常多的孩子都有着和我相同的“症状”。

“无法理解文义的孩子”近来引起了人们的关注。正如统计数据中显示的那样，以及从我指导过近5万名学生的经验来看，无法理解文义的孩子确实比能够理解文义的孩子要多得多。

接下来，我们要对上述两种阅读方式展开详细的讨论。

“看书不过脑子的方式”和“能够读懂文义的方式”，这两种阅读方式到底有着怎样的差异呢？我们通过两道题目看一下。

题目1：当题目问主人公为什么会做出某件事情时，看书不过脑子的学生就会开始在文中寻找答案，能够读懂文义的学生则会考虑人们一般不会做出这种事情。

题目 2：当题目要求将“I don’t like Ken, because he is always late for school.”进行翻译时，看书不过脑子的学生就会将其直译为“我不喜欢肯，因为他一直上学迟到”，然后就开始做下一道题了；能够读懂文义的学生则会思考：“只是迟到而已，为什么就要讨厌肯呢？”

这就是“看书不过脑子的学生”与“能够读懂文义的学生”之间存在的差异。换句话来说，我们也可以将其称为**具备阅读理解能力和缺乏阅读理解能力的学生之间存在的差异。**

读懂文义的能力，在任何情况下都可以发挥其作用，在任何课程或领域，甚至是在工作和生活中也可以触类旁通。

“看书不过脑子的孩子”与“能够读懂文义的孩子”之间的差异等于“没有思考的孩子”与“经过思考的孩子”之间的差异。

您同意我的观点吗？

“思考”到底指的是什么，相信在看过了语文阅读题和英语翻译题的例子之后，大家都已经有了一个大概的认识。

不只是我提到的语文不好的学生如此，有些成年人同样可能会不求甚解，只是在完成表面上的工作（看书只是看字，却不过脑子）罢了。

在学习的时候，这一点会表现得尤为明显。虽然有些人只靠死记硬背也能取得一个不错的分数，但是这样做不仅没有什么意义，而且背下来的东西也不可能一辈子都不忘。

不具备真正的实力，自然无法做到灵活运用。

除了为数众多的学生之外，很多步入社会的人也不懂得进行思考，只是按部就班地茫然度日罢了。

这样一来，人们很容易就会被互联网上的信息所左右，并逐渐将自己的判断依赖于他人,从而丧失了自我的核心价值。

大家都知道独立思考、独立判断、独立执行十分重要，如果在第一阶段的“思考”环节就有所欠缺的话，恐怕也就无法做出恰当的判断了。

所以，**一旦具有了思考的能力，人们在一生中掌握的信息量就会出现指数级增长。**

我非常希望孩子们能够拥有思考的能力，当然大人也不例外。

如果孩子们的大脑系统版本得到了提升，他们就能够欣赏到与此前完全不同的人生景象，进而打造出一个个出众的自我。

他们的自我认同感肯定也会相应提高。

大脑系统的两种升级方法

在正式回答如何提升大脑系统版本这一问题之前，我们先来做一下总结。

1. 在同样的环境及条件下，出现差别的原因在于大脑系统版本的不同。

2. 虽然大脑系统的版本是先天决定的，但是可以进行后天的升级。

3. 是否学会了思考，是决定大脑系统版本差异的原因所在。

4. 要想完成大脑系统的版本升级，我们就要学会不断地思考。

在上述四点内容的基础上，让我们来看一看**获得思考能力的两种基本方法（即“大脑系统的两种升级方法”）**。

我将帮助人们进入“思考”状态的两种方法简单归纳如下:

大脑系统的升级方法 1：学会存疑

大脑系统的升级方法 2：学会总结

在对上述两种方法进一步细分之后，我们就能够按照不同的方法对下列思考技能进行强化。

大脑系统的升级方法 1：学会存疑

①原因分析能力

②自我表达能力

③问题解决能力

大脑系统的升级方法 2：学会总结

④抽象化思维能力

⑤具象化思维能力

除此之外，还有五种能够对大脑系统进行强化的辅助技能。

⑥积极思考能力

⑦目的意识

⑧原点回归能力

⑨假说构建能力

⑩问题意识

将上述结构用图表的方式简单表示如下。

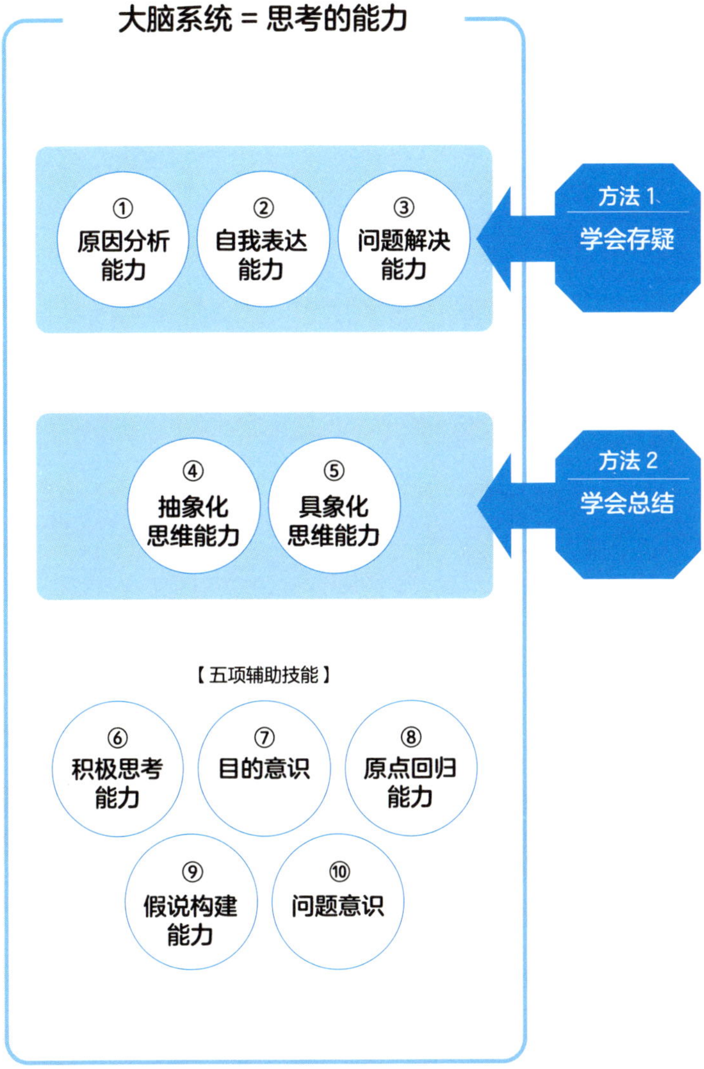

从下一章开始，我们将结合具体的应用实例，对这十项技能（对应十大秘诀）逐一展开说明。

第5章

大脑系统的升级方法1：学会存疑

秘诀为何重要

在对十大秘诀进行具体阐述之前，我想先讲一个重要的内容，那就是“秘诀为何重要”。

在日本以往的学校教育体系下，教学大纲要求教师对科目进行指导，教学内容均基于此展开，而这些内容其实与大脑系统毫无关联。

不过，**日本近年来实行的新版教学大纲开始提到“重视思考能力”**。然而令人遗憾的是，到底如何才能提高思考能力，大纲中依然只字未提。

在今后的日子里，相信人们提到“思考十分重要”的机会会越来越多。但与此同时，如果不告诉学生们如何才能提高思考能力，这只能是一句空话。

如此一来，现如今的日本教育水平与过去就毫无差别，而能够取得优秀成绩的只能是那些原本大脑系统版本就高的孩子。其实只要授之以渔，每个人都能够得到改变。

职场中同样如此。近些年来，有关沟通能力、问题解决技巧、逻辑思维重要性的讨论越来越多。

实际上，职场中较为活跃的往往是原本已经具备了上述能力的人。即便开展再多的员工培训，很多人也很难有任何的改变。

究其原因，就在于目前的主流做法仍是“提出结果”（即应该达到什么样的结果），并没有人去“提具体做法”（即应该如何去做）。

从我每年在上市公司进行 50 多场管理岗位培训的经验来看，职场的现状确实如此。

在对教育现状和职场现状进行大量研究之后，我懂得了一个道理：明明不是什么壮举，但是人们很容易就会夸大其词，认为自己正在做着了不得的事情。

这样的做法会使得受众（听讲者）认为事情很难、很复杂，自己无法胜任。

教育必须要更为简化。一旦没有效果，坚持下去就会变得很难。

因此重要的是，**我们要使用简单的词语。**正是因为这些词语简单、效果显著，所以我们才将其称为“秘诀”。

如果将这些秘诀用在自己身上，那会变成一种很好的自我启发。如果用在别人身上，便是一种教育的手段了。

培养原因分析能力的秘诀——为什么

提高大脑系统版本的方法之一，就是要**学会存疑**。

学会存疑其实是老生常谈了。

人们常说“要带着疑问思考”，但目前的学校教育却似乎很少提及这一点。学生在学校里获取了知识（学习内容），却不允许他们对这些知识抱有疑问。

人们默认学习的内容总是对的，渐渐也就遗忘了学会存疑。正是因为我们接受的都是这样的教育，所以并没有将抱有疑问作为一种习惯固定下来。

“什么”“哪里”“谁”“何时”“（选择题中的）哪个”是学校教育中使用频率较高的疑问词。

对于这些提问来说，只要大脑里灌输了一定的知识，每个人都能够回答得出来。但如果知识没有被大脑接收的话，那么是无法回答的。

此外，这一状态并不能被称为思考。要想让大脑思考起来，我们还需要一个秘诀来帮忙。

这个秘诀就是——**为什么？**

同样，这也正是**分析原因的秘诀**。

大脑系统的升级秘诀 1：为什么（原因分析能力）

举例来说，如果有人问你住在哪里，你就会回答对方自己的住址。这其实就是一种知识，因为你的住址记在了脑子里，所以才能够回答得出来。

那么，下面这个问题你会如何回答呢？

“为什么你想住在那里呢？”

乍听之下，可能大家都会一愣，我们平时很少会去思考其中的原因吧。也正是在这种时候，我们的大脑会进入思考状态。

根据提问内容的不同，人类大脑的工作方式也不尽相同。尽管“什么”“哪里”“谁”“何时”“哪个”等问题作为信息也很重要，却无法引发人们进行思考。

我们中的大多数人，其实幼年时都曾经频繁地怀有疑问。孩子会对各式各样的事物表现出兴趣和关注。每当这个时候，他们恐怕都会问上一句：“妈妈，为什么会是这样呢？”

最开始父母总会温柔耐心地告诉他们其中的原因，但是随着问题越来越多，父母会告诉孩子事情本来就是如此，甚至都懒得回答了。

如此一来，孩子们就会觉得问了也无济于事，慢慢便不再抱有疑问了。

当然，父母也可以用**“是啊，为什么呢”**之类的说法来回答孩子。

- **向别人提问，别人的大脑就会开始运转。**
- **向自己提问，自己就能培养出自主思考的能力。**

有一件事情可能并不太为人所知，那就是语文学得好的学生经常会“带着问题去阅读”。他们在阅读一篇文章时，往往会提出“为什么会这样”的问题，并且尝试着自问自答。

这样一来，答案就不言自明了。听起来有些故弄玄虚，不过这可是实话（不过，整个过程是通过大脑的思考来实现的，外界无法看到，因此也就不大有人提起）。

人们在日常生活中几乎不会提出什么疑问，原因在于他们并没有接收到周围环境的全部信息。

在这一背景下，就产生了一个有关大脑结构的问题。我们的大脑具有这样一个特点：只看自己想看的，只听自己想听的。所以在日常生活中，大脑往往只会接收自己感兴趣的信息。

因此，我们要试着去问一问“为什么”。这样一来，我们的意识就会得以集中，大脑也会随之工作起来。

所以，**我们一再强调：提问让人思考。**

日本有一档节目很受欢迎。在这档节目中，节目组经常会针对人们不假思索就会做出的稀松平常的事情进行提问，而观众们也会通过这种方式第一次进行思考。

要是没能回答上来，可是会被批评“不要漠然地活着哟”。

在我看来，这句话堪称经典。毕竟，如果我们只是去看、去听那些自己感兴趣的事情，那就很可能会不抱疑问，不去思考，漠然地过完一生。

培养自我表达能力的秘诀——怎么想

在大脑系统的升级方法 1 中，除了原因分析方面的秘诀“为什么”之外，还有另外两个秘诀。

而且这两个秘诀都用到了**“How”**这个关键词。

其中之一，便是**“怎么想”。**

大脑系统的升级秘诀 2：怎么想（自我表达能力）

如果被人问到“怎么想”的话，势必会引起大脑的思考，而且还会触发语言的表达。

结果是，培养了**自我表达能力**。

在日本的新版教学大纲中，自我表达能力是得到重视的几个方面之一。在此之前就算缺乏自我表达能力，只要具有一定的知识，依然能够取得不俗的成绩，这一情形今后将不复存在。

走向社会以后，一个人的表达力或陈述意见的能力（即沟通能力）很早就得到了人们的重视。然而在实际开会的时候，不仅级别越高的人话语权越大，而且声音洪亮的人也容易占据主导地位。鉴于此种情况，很多职场人士觉得自己的表达能力有待提高。

我每年都会举行50余场上市公司的企业培训。在培训的过程中，我听到最多的一句话就是“会谈话的人越来越少了”（所谓会谈话，是指既能引导对话，又能对会话内容进行总结等）。

而那些会谈话的人经常用到的表达便是“怎么想”。

因此对于走入社会的人来说，**“怎么想”不仅可以引出对方的回答，而且也是一种锻炼自我表达能力的方式。**

为什么不能说“还有问题吗”——在学校和公司经常这样提问。

与“怎么想”有着相同使用场景的表达之一，便是**“还有问题吗”**。无论是在学校还是在公司的会议中，我们总能听到人们使用它。

然而遗憾的是，我认为这种表达方式并没有太大的意义。因为对它的回答往往都是否定的。

其实大家并不是没有问题，而是担心突然提问不好回答，于是纷纷选择闭口不言,从而让人产生了一种没有问题的错觉。

再加上许多人在听人说话的时候都不会存疑，因此也就很难提出什么问题了。

在此，我建议大家使用以下两种问句。

- **你的感想是什么?**
- **你怎么想?**

感想相对容易回答，而且在被问到“你怎么看”时，也无法用一句“没有”敷衍过去。在表达感想的过程中，很可能就会同时提出一些问题了。

根据问法的不同，人们的交谈会变得更为轻松，沟通也会更加顺畅。我建议大家不妨在自己家里也试试。

培养问题解决能力的秘诀——如何做

在解决问题或询问方法时，**我们使用的是“如何做”，**特别是在遇到困难时，这样的问法会收到很好的效果。

被人问到“如何做”时，人们会去思考解决的对策。

大脑系统的升级秘诀 3：如何做（问题解决能力）

如果没有提出这个问题，情况又会如何呢？一般来说，遇到困难往往会让人陷入苦恼，而不是努力思考。表面看起来好像是在开动脑筋，其实只是一味地发愁罢了。

苦恼是一种负面的情绪。

不过，只要问上一句“如何做”，我们的视角就会着眼于未来，并且转换成一种积极的能量。

所以，**这一秘诀不单单能够用来解决问题，还能帮助人们在精神上更为积极向上。**

你知道“问题”与“课题”的区别吗？

上文中讲到了“解决问题”该如何表达，所以我想顺便聊一聊“问题”与“课题”的区别。很多人分不清楚二者之间的不同，可以说，几乎在每一次企业培训的时候都要谈到这个问题。

- **所谓问题，是指负面情况发生时的状态。**
- **所谓课题，是指“为了解决问题需要做什么”的一种积极正向的状态。**

举例来说，“孩子天天打游戏，完全不肯学习”就是一个“问题”。那么，这一“问题”转换为“课题”该怎么表达呢？

答案是，**“让孩子虽然打游戏，但也知道学习”或“让孩子不打游戏，知道学习”。**

其实在孩子打游戏的这个课题中，许多家长都会在上述两种表达方式中选择后者，即“让孩子不打游戏，知道学习”。

然而事实上，“让孩子虽然打游戏，但也知道学习”这一方式不包含任何负面因素，效果会更好，也更具有执行力。

如上所述，**我们通过将“问题”转化为“课题”的方式，使得我们的论点更为清晰，而且也明确了自己具体应该做些什么。**

升级方法1：学会存疑

小结

三大秘诀

为什么（原因分析能力）

怎么想（自我表达能力）

如何做（问题解决能力）

第6章

大脑系统的升级方法2：学会总结

培养抽象化思维能力的秘诀——简而言之

提升大脑系统版本的第二种方法是**学会总结**。

这种思考的方式极其重要，在本书中堪称最为核心的部分，因此我将对这一部分展开详细论述。

总结，换言之就是要**提高抽象程度**。

可以说，这也是具有思考能力的人具有的最大特征。

大家都知道“抽象”和“具体”的含义。无论是语文课本中的文章，还是我们日常生活中的对话，其实都是由许多“抽象”和“具体”组成。

尽管如此，孩子们却还未形成这样的认识，甚至有些大人也是如此。

对于语文不好或者读不懂文章意思的人来说，正是由于他们无法辨别“抽象”与“具体”的区别，所以才会在读课文时只能看懂字面的意思，陷入“不假思索”的状态。

所谓抽象，简单来说就是**简而言之，如此这般**。

所谓具体，则表示**实例清晰，通俗易懂**。

何为提高抽象程度

为了便于大家直观理解，讲这样一个故事。这个故事我在演讲时经常会提到。

假设山田养了一只吉娃娃，石川也养了一只吉娃娃。

山田和石川两个人的吉娃娃都是具体存在的，而在这种具象的世界中，难免会出现比较与纷争。

山田这样说：“石川家的吉娃娃，耳朵有点太大了。还是我家的可爱。”

事实上，无论是山田还是石川，他们养的吉娃娃都属于“吉娃娃”这一范畴。也就是说，这两只狗其实是一样的。

这时候，内田养的泰迪登场了，比较与纷争随之再次上演。

内田说：“吉娃娃那么吵，你们还真敢养啊。我们家的泰迪就一点儿都不乱叫，而且长得像个洋娃娃一样，真可爱呀。”

站在更高一层的角度来看，无论是吉娃娃还是泰迪，其实都属于“小型犬”的范畴，属于同一个类别。

正在这时，木村带着一只金毛寻回犬登场了，比较与纷争再度上演。

牵着泰迪的内田说：“真没想到你居然会养这么大的一只狗啊，狗粮挺费钱的吧。”站在更高一层的角度来看，无论是小型犬还是大型犬，其实都属于“犬”的范畴，属于同一个类别。

类似“吉娃娃→小型犬→犬→哺乳动物→脊椎动物→动物→生物”这样不断向上一层概念扩展的过程，就叫作**“抽象程度的提升”**（见65页）。**观察时选用的视角不同，做出的判断就会有所不同。**

我们不妨将这一过程套用在数学上试试。现在假设练习册1页有10道题目。

对于抽象化能力低的学生来说，可能会觉得“这道题中有分数，这道题中有小数，这道题中既有分数也有小数”，即10道题目之间互无关联。

但对于抽象化能力高的学生而言，他们能够看出所有的题目之间其实都是“相同的”，也能够认识到其中存在的差异。这道题中有分数，这道题中有小数，虽然表面看起来形式有所不同，但是所用的方法都是一样的。

我们再将这一过程套用在语文上试试看。

以说明文为例，作者在一个段落中想要表达的只有一个

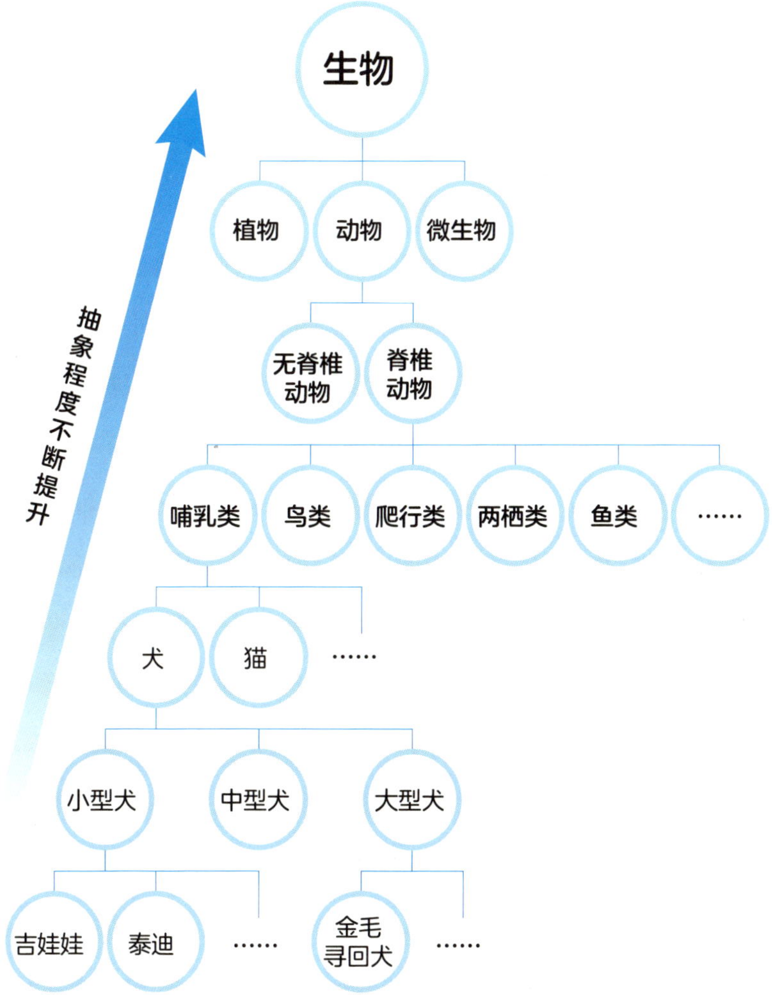
生物
植物
动物
微生物
无脊椎动物
脊椎动物
哺乳类
鸟类
爬行类
两栖类
鱼类
……
犬
猫
……
小型犬
中型犬
大型犬
吉娃娃
泰迪
……
金毛寻回犬
……
抽象程度不断提升

核心思想。

对于抽象化能力低的学生来说，由于文章中用到的措辞不同，结构相异，所以他们就会误以为作者所写的都是不同的内容。也正因为如此，他们才会逐字逐句地去抠字眼，一到做题时就开始在文章中寻找答案（寻宝）。

与此相对，虽然表面上的形式有所区别，但是抽象化能力高的学生依然能够看到作者想要表达的是同一个意思。

一个人是否达到了这种视角和高度，我们从外界是无法得知的。毕竟我们所能看到的，只是他们在解题或者读书时候的样子而已。

尽管如此，其内在的真实情况却是迥然不同的。**抽象化能力高的学生可以站在更高的层次进行观察，因此能够迅速抓住要点，**而抽象化能力低的学生却要费上好一番功夫。

毕竟在后者看来，所有的题目和文章都不尽相同，无论再怎么学习也都是题海无涯,渐渐就会丧失学习的动力和兴趣。

东大学生的抽象化能力很高吗

我在东大读硕士和博士的时候，和很多东大的学生都有过交流。

当时让我颇有感触的事情之一，就是他们的**抽象化能力**

之高。

正如我在第 1 章中提到的那样，这些东大的学生不仅能够举一反三，而且在听到某些具体的谈话内容时，也能将其抽象之后来进行理解，并使之适用到其他领域。

能考上东大的人，除了要在高考时取得全科优秀之外，还要跨学科、跨领域、高水平地完成二次考中的那些难题、怪题，称得上是全能型选手。

当然，我相信这些东大的学生在备战高考时也付出了很多的努力,要想在这么多科目中出色地解出那么多艰深的题目，恐怕他们依靠的并不是无穷无尽的题海战术，而是**能够将若干个具体的问题抽象出来，游刃有余地去达到规则化、模式化的水平。**

在步入社会之后，优秀的人才就算岗位变动转到了新的部门，同样能够像以前一样表现出众。而这其中的原因，相信同样如此。

换句话来说，在最初的岗位上就能够表现出众的人，能够对具体工作进行抽象化处理，从而转化为规则化、模式化的工作。在转岗到新的部门之后，只要将已有的经验运用到新的工作内容上即可。

与此相对地，抽象化能力低的人由于无法实现工作的规则化和模式化，只能将全部内容都认定为具体的工作，认为每一件事情都需要从头开始学习和完成。

事实上，这一想法与备战高考的学生认为考试要拿到高分就必须采取题海战术一样，实际操作起来都会非常地辛苦。

那么大家可能要问：到底如何才能提升自己的抽象化能力呢？

正如我在第3章所说的那样，人的大脑系统版本是与生俱来的，每个人的初始大脑版本都不尽相同。

那么，生来版本较高的孩子们表现出了何种倾向呢？

事实上，这些孩子在很小的时候就展示出了过人之处，往往在3岁时就已经表现出了**喜欢提出抽象化问题的倾向**。

举例来说，这些孩子可能会问妈妈“人为什么活着”这一具有哲学性和抽象性的问题。

对于普通的3岁小孩而言，往往提出的都是一些更为具体的问题，比如：《面包超人》里出现的角色叫什么名字呀？

通过以往数次的调查数据可知，抽象化能力较强也是中考辅导班中优等学生所具备的共同特点。当然不排除个别例外的情况，但大体倾向确实如此。

再强调一遍，如果一个学生善于提出较为抽象的问题，就如同站在金字塔尖向下俯瞰一般，下面的世界自然就能尽收眼底，一览无余。

因此，**这样的学生在学习时只需解上几道题目便可抓住**

精髓，并且还能够意识到其中存在的差异和区别。

这些铺垫可能有点长了，接下来我们言归正传。

相信大家现在都已经认识到了抽象化能力的重要性，也知道了每个人其实都能够提高自己的抽象化能力。那么，到底应该如何去做呢？

在这一点上，不同的问法可以造成巨大的差异。通过下述秘诀展开提问，我们就能够提高自己的抽象化能力。

这一秘诀就是**简而言之**（类似的表达还有**“简单来说”“共同点是”**）。

大脑系统的升级秘诀 4：简而言之（抽象化思维能力）

在被要求“简而言之”时，人们自然而然就会砍掉繁杂的“枝叶”，只选择“主干”进行回答，也就是**自动完成“总结”这一行为**。

沿用刚才提到的小狗的例子可能更为通俗易懂。

“简而言之，吉娃娃是什么？”答案是“狗”。

“简而言之，狗是什么？”答案是“哺乳动物”。

像这样**用“简而言之”开头的句子不断提问，抽象化能力就随之提高了。**

成绩出众的学生能够毫不费力地自行完成“简而言之”

类的总结工作，无论语文还是数学知识，他们都可以用这一方式来概括。

而那些不会利用“简而言之”归纳简化的人往往一味地追求字面的意思，经常会被表层的一些细枝末节所牵绊，反而对事物的核心内涵产生误判。

培养具象化思维能力的秘诀——举例来说

在“升级方法 2：学会总结”中，另一个秘诀则是与抽象相对的具象化思维相关的。

这个秘诀就是**“举例来说”**。

如果能将这两个秘诀搭配使用，效果会更为显著。

大脑系统的升级秘诀 5：举例来说（具象化思维能力）

“举例来说”这话十分常用，与“简而言之”所表示的总结相对。

用它来提问时，人们会举出具体的事例来说明。

在此，我想先提出一个很重要的问题，那就是我们日常生活中经常用到的这句“举例来说”其实是有深刻含义的，而且还能够帮助我们提高处理事务的能力。

当被人问到这一问题时，我们往往会开始寻找具体的事例，此时我们的大脑会发生什么样的变化呢？

以环境问题为例，“地球正饱受环境问题的困扰”是一句抽象的话。

这时用“比如说什么问题”提问的话，我们假设对方的回答是“有些国家的垃圾分类做得不太好”。

如果再追问一句“还有其他的吗”，对方可能就会说：“前段时间，人们在鲸鱼的肚子里发现了大量的塑料制品。”

上述回答给人的感觉可能只是罗列了一些事实，但却从侧面印证了说话人具备的两种能力。

- **能够找到从属于“环境”这一层面的相同范畴及领域。**
- **能够认识到“垃圾分类”与“鲸鱼腹中的塑料制品”属于同一领域和范畴。**

可能大家会对此嗤之以鼻，但这两种能力确实不可小觑。

换句话说，能够举出相似的事例，证明**一个人具备“抽象—具体的思考”方法（演绎法）**。随着举出来的例子越来越多，新的想法不断地涌现出来，**一个人的创造能力也得到了培养。**

接着刚才的那个例子说，当问题变为“环境问题确实涉及垃圾分类、鲸鱼腹中出现塑料制品等情况，现在让我们换个角度，来看看学校里是否也存在环境问题”时，对方就会转而思考校园中出现的具体的环境问题。

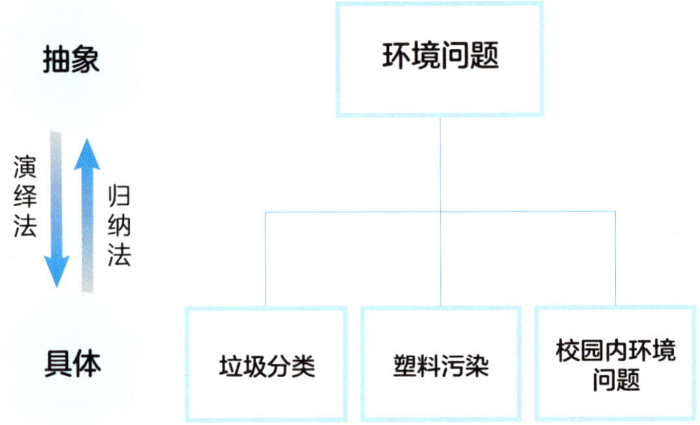

通过这些大家未曾意识到的视角转换，新的想法便应运而生了。

事实上，**人们的问题意识和好奇心正是由此产生的，而这经常会发展为我们想要一探究竟的学习意愿。**

何为应用能力的实质

我们经常听到“缺乏应用能力”的说法，在念书时更是尤为频繁。

这一情况在步入社会之后依然存在——毕竟对于缺乏应用能力的人来说，此种能力是很难改变的。

事实上，我们同样可以用抽象化能力的高低对应用能力的实质加以说明。

具备应用能力的人，往往能够按照以下思路展开思考。

● **“具体—抽象”的流程**

具体的事物→运用“简而言之”→抽象化

用晦涩一点儿的语言来说，这便是所谓的归纳法。高中数学中讲到数列的内容时会提到“数学归纳法”一词，这里也应用到了归纳法。

简而言之，归纳法就是发现几件事物之间的共通之处并找到一定的规律。

当然，我们也可以按照完全相反的流程展开思考。

● **“抽象—具体”的流程**

抽象化→运用“举例来说”→放入具体事物中展开思考

这就是所谓的演绎法，“A=B，B=C，所以 A=C”用到的就是这一方法。

这其中更为重要的，是能够使用“简而言之”进行抽象化处理。简单来说，就是要能够**发现事物的共同点**，能够**掌握技巧**。

如果这一抽象化的水平较低，想要应用起来恐怕也绝非易事。**随着抽象程度的不断提高，看待事物的角度随之扩大，可应用的范围也会逐渐变大。**

擅长打棒球的人，能够对击打棒球这一具体动作进行思考和抽象化处理，并将其应用到足球等其他球类运动中去。

如果能继续将棒球运动向上抽象至哲学层面，我们还会发现打好棒球与商业成功理论其实并无二致。

这便是触类旁通，即只要一件事情会做了，其他的事情便迎刃而解，不费吹灰之力。

事实上，无论做多少道应用题都无法让学生学会应用的道理就在于此。

对于不会抽象化处理问题的人来说，就算做的应用题再多，也无非只是遇到了一个又一个全新的具体问题。

在提升大脑系统版本的方法中，“升级方法 2：学会总结”无疑是最为重要的。

运用“简而言之”进行抽象化处理，运用“举例来说”进行具象化处理，这便是专业术语中所指的“归纳演绎法”。掌握此方法的人大脑系统的版本较高，也是我们常说的“聪明人”。

使用秘诀时的七大禁忌

在本章结束之前，我们再来看一看使用秘诀时的几个注意事项。

上文我们介绍了提升大脑系统版本的五个秘诀。

这些秘诀的效果已经通过无数实例得到了印证，大家可以简单地尝试一下。

不过需要注意的是，世界上没有一种方法能够 100% 有效，我们无法保证这些秘诀对你一定会有帮助，所以可能会出现“你说有用我才试的，结果一点儿用都没有”之类的情况。

在此，我举出一些使用秘诀时的注意事项，望各位提前了解。

【禁忌 1】使用对方无法理解的词语

例如，对方是只有 7 岁的一年级小学生。尽管有些孩子 7 岁时大脑系统版本已经很高了，但对大多数小朋友来说，7 岁时的词汇量还不算太多，对很多词语的意思也不太清楚。

如果要求这么大的孩子回答“简而言之”类的提问的话，“简而言之”的意思他们都不太明白，这样的问题也就丧失了意义。

因此，在这种情况下我们需要换一种问法，如：**你看这个和那个，它们之间有没有相似的地方呢？**只要能够**发现二者间的共通之处，抽象化的过程也就得以实现了。**

就这一点来说，这种问法与以“简而言之”来提问所实现的目的别无二致。所以，我们一定要选择对方能够理解的话语进行提问，这一点大家要清楚。

可怕的是，有些成年人甚至也无法听懂这些话语。这些人外表看上去较为成熟，年纪也确实不小，但是他们的心理年龄可能却只有 6 岁左右。对于别人的提问熟视无睹，是这些人的特点之一。

一旦对方陷入此种状态，我们就需要转换提问的方式。当我们出现“听到了却没反应”“怎么不好好听啊”“到底有没有认真在听啊”之类的想法时，绝大多数情况其实是因为对方无法理解我们的意思罢了。

【禁忌 2】在对方思考前公布答案

特别是当对方还是小孩子时，在面对我们提出的“解释一下原因”“总结一下内容”等问题时，孩子们经常给予的回答都是“我不知道”。

事实上，在听到一个问题时，人的意识会瞬间转移到被问的内容上，从而进入思考的状态。所以如果我们听到的回答是“唔……我不知道”，其实是非常好的。因为这个“唔……”代表了听话人正在思考。

真正重要的其实不是针对提问做出的回答，而是**思考这一过程**。我们要记住，大脑越用越灵活。

另外，如果对方表示不知道答案，你可以将自己对于这个问题的想法告诉对方。毕竟对方是经过思考得出的“无法回答”这一结论，自然是没有问题的。

在很多情况下，我们都习惯于不留给对方思考的时间，一开始就直接开门见山地公布答案。这样的做法其实剥夺了对方难得的一次对大脑系统进行升级的机会。

【禁忌 3】反复提问

对方是成年人的话，很少出现这样的情况。不过小孩子很可能会对我们抛出的问题置若罔闻。正如我在【禁忌 2】中所说的那样，提问本身能够促使大脑运转，就算不回答也没有关系。

如果我们这时还是锲而不舍地反复提问，反而只能招致对方的厌恶。**当对方不理会我们的问题时，我们要做的是直接终止这场对话。**

另外大家也要知道，这些问题绝不是毫无用途的。

【禁忌 4】想要培养对方

要做到这一点可能有些难度。毕竟家长们是为了培养孩子才选择使用这些秘诀，结果却让他们“不要抱有培养孩子的想法”，想来确实不太容易。

至于之所以会提出这一要求，是因为**越是想要培养对方，言语行动中就越容易给人带来压力，从而让对方有所察觉。**

尤其是对方还是个孩子的时候，我们一定要特别注意这一点。当家长特意使用这些秘诀来辅导他们学习时，是极有可能会被孩子发现的。

因此，**建议大家尽可能自然地将这些秘诀穿插在日常对话中进行使用。**

【禁忌 5】重复使用同样的词语

可能大家会想，既然这些秘诀可以用来提升大脑系统版本，那么肯定多多益善。这样的想法确实正确，但是仅限于用在自己身上，毕竟一味地用在对方身上会让人感到厌烦。

因此，我们的秘诀使用频率不要太高，否则孩子很可能会抱怨我们总是在向他们提问为什么。

在这种情况下，**我们不妨来亲自尝试一下这些秘诀。**我知道大家的初衷都是为了提高孩子或者下属的能力水平，但是这种意愿过于强烈就会演变为施加给对方的压力，一旦效果不尽如人意，心情也会随之变得焦躁起来。

因此，如果这种提问的方式令对方感到有些不舒服时，我们可以采取自问自答的形式，将这些秘诀用在自我能力的提升上。这样一来，我们再向对方抛出这些问题时就不会显得那么生硬了。

【禁忌 6】试图一次性使用全部秘诀

上文介绍到的五大秘诀使用起来相对更为方便，所以希望大家可以拿出来试着用一下。在后续章节中我们还将继续介绍其他五个秘诀。

这样一来，可能有些较真儿的人就像有强迫症一样，希望一次性能把十个秘诀全部用上。

这样的想法是错误的。**一旦觉得“必须要用到秘诀”是一种义务，人们很难继续坚持下去。**

所以，建议大家最初只要选定几个秘诀就好，一点点地慢慢来。

【禁忌 7】希望秘诀立刻奏效

最后还有一个很重要的地方需要注意。我之前写过一本书，其中提到的方法可以很快发挥功效。

然而，对于本书中所写的“提高大脑系统版本的秘诀”，想要见到效果却需要一定的时间。

平均来看，这个时间在一个月左右，慢的话可能需要三个月。这个过程是急也急不得的。

换个角度来说，如果经过这样一段时间就能够使得大脑系统的版本得到提升，放眼于漫长的人生来看，似乎也不算很久。所以，还请大家摆正心态，不要认为这些秘诀的效果是立竿见影的。

升级方法2：学会总结

小结

两大秘诀

简而言之（抽象化思维能力）

举例来说（具象化思维能力）

第7章

进一步强化大脑系统的五大秘诀

至此，我们通过前两章中的两个方法已经介绍了提升大脑系统的五个秘诀。

- **方法 1：学会存疑——为什么、怎么想、如何做**
- **方法 2：学会总结——简而言之、举例来说**

通过在日常生活中引入这五个秘诀，孩子们的视角会因此有所改变。

我在本书前面曾经提到，这些提升大脑系统版本的秘诀与提高孩子自我认同感的词语不同，并不会今天用了明天就立刻奏效。

不过，至今已经有无数的案例能够很好地证明这些秘诀的有效性，所以大家应该也能够感受到或多或少的变化。**感受到变化的时刻，便是大脑系统成功升级的时刻。**

随着改变的到来，我们的人生也会变得更加有趣。毕竟，**我们看到的风景与以往不同了。**

总的来说，有了上述五个提升大脑系统版本的秘诀就已经差不多了，不过这些秘诀在学校、职场、日常生活中能用到的场景也许并不太多。

因此，本章将继续为大家介绍五个能够进一步强化大脑系统的秘诀。

这五个秘诀，虽然我们用在他人身上时确实可以促进他们大脑的运转，但我还是**建议大家先通过自问自答的方式用在自己身上试试。**

这种自问自答的方式，可以让我们更为真切地感受到自己情绪的波动和大脑的变化。

这样一来，我们在对方身上使用这些秘诀时也就能够更有底气了。

培养积极思考能力的秘诀——要享受

第六个要介绍给大家的，是**培养积极思考能力的秘诀**。

也许有人会感到有些诧异，为什么积极思考能够对大脑系统起到强化作用呢？关于这一问题，我们采用逆向思维的方式说明可能会更便于大家理解。

习惯消极思考的人，他们的大脑会灵活运转吗？无须引经据典或寻找证据，我们仅凭直觉就应该知道，习惯消极思考的人无论在工作还是学习上大多表现平平。

对于无心上班、不想学习的人来说，他们是否能够开动脑筋，出色地完成工作，答案想必不言自明。

反过来说，只要我们能够**学会积极地思考，大脑也会越用越灵活。**在人们眼中，这种积极的思考就是所谓的动力。

不知道如何才能提高对方的动力，是很多家长和上司正在面临的问题。当然，世界上没有一种方法绝对有效，毕竟每个人缺乏动力的原因不尽相同。

但是，我们却找到了一个秘诀，**能够促使这种消极的思考方式转换为积极的思考方式。**这一秘诀便是——要享受。

大脑系统的升级秘诀 6：要享受（积极思考能力）

我们可以问问对方眼前这些无聊透顶的学习和工作，我们应该怎么做才能变得乐在其中呢？这样一来，对方就会思考享受工作的方法了。

这句话拥有神奇的魔力，能让人自然而然地开始思索享受工作的方式。

从结果来看，如果能想出具体的方法当然最好，就算想不出来也没有什么关系。**只要我们的想法哪怕发生了一点改变，只要我们真的展开了思考，这便足够了。**

在此提到的“享受”一词，堪称 21 世纪的代表词语。“把工作当成一种享受”“享受学习”等，作为关键词的“享受”一词被广泛应用在许多场合。

然而，人们往往会将“干劲、毅力、努力”视为美德，很多人会对“享受”二字带有抵触的情绪。

“享受”一词可能会给人留下轻佻、怠慢的印象，但这个词本意指的是一种因抱有兴趣而进入忘我的状态。

事实上，我经常会在企业培训时谈到这些。而其中引起反响最为强烈的，则是以下这些内容。

做着同样的工作，为什么升职有快有慢

经常把“真让人享受啊……”这句话挂在嘴边，有时真的能够让我们切身体会到舒适的感觉。

不过，明明自己毫无兴趣却还要道上一句“让人享受”，恐怕很多人会对此有所抗拒吧。在这种情况下，我们就要去思考**如何才能让人享受其中**。

对待同一件事物，换一种想法就会令人愉悦起来。让我们来看看下面这个例子。

有一位员工，他的工作就是每天给人端茶倒水。一般来说，做这种事是非常枯燥乏味的，毕竟只是倒倒茶水而已。而且每

天去公司上班就是为了给人倒茶，想来也很无趣吧。

不过，这个负责倒茶的是一个很有想法的人，他十分希望自己泡的茶能够得到客人的称赞。

于是从那一天起，他便开始潜心学习泡茶的技巧、端茶的方式和待客的礼仪。就这样，每一次泡茶都成了他锻炼自己的机会，他也开始享受其中的乐趣。

这样的人显然是“与众不同”的，负责端茶倒水恐怕有些屈才，所以很快就会得到晋升和提拔。如此想来，丰臣秀吉（日本古代著名的政治家）可能也是通过这样的方式出人头地的吧。

有一位员工，每天的工作就是复印文件。一般来说，要是每天做的都是这种简单重复的工作，应该会很想离开这家公司吧。

然而，这位员工却与其他的人不同。他将自己从收到指令到复印完文件需要花费的时间记录了一下，不仅做到了复印得又快又好，而且除了单纯的复印之外，他还给复印的文件贴上了便笺，进行了清晰的分类。

这位员工通过计时的方式成功激发了自己工作的热情，同时创造出了新的附加价值，将一项简单重复的工作转化为创造性的工作。

对于这种肯花心思的员工，公司当然不可能置之不理，毕竟他与旁人是有着明显区别的。不仅如此，这样的员工自然也被提拔得很快，而且还会被委以重任。

虽然现实中只负责端茶倒水或者复印文件的人很少，但是上述例子也恰好说明了那些乍看之下人们很容易觉得无聊的工作，其实只要换一种想法便能够将它转换成为一种乐趣和享受。

这一情况不仅适用于职场，在念书时也同样如此。

会学习的学生，是会在心里享受学习这一过程的。由于单凭外表无法感知这一状态，所以虽然这些学生看起来和别人一样都在学习，但实际上他们是把学习当作“玩”的。

举例来说，他们可能会在学习中加入游戏的要素，会给自己出几道题做个小测试，又或者利用谐音将知识点编成冷笑话来听。

然而，普通的学生只会循规蹈矩，将眼前这些看起来十分无趣的内容不加变通地照单全收。如此一来，**虽然同样都在学习，差距却越来越大的原因便不言自明了。而造成这一差距的关键词，便是“享受”**。

如果我们无法自发地享受某一项工作，不妨有意识地试着运用一下**“如何才能享受其中”**这一问句。现以如下几个场景为例。

〈**父母对孩子**〉

尽管父母用语言的力量来改变孩子十分重要，但最为有效的方法，却是**让孩子看到父母享受工作的样子**。

举例来说，如果父母在做家务时表现得乐在其中，孩子在完成一些自己必须要做的事情时就容易表现得更为积极。**虽然孩子可能不会去听家长说了什么，但他们却能够模仿家长做出的举动，感受到父母表达出来的情绪。**

对于家长来说，与其去教导孩子如何去享受某项工作，反倒不如自己先说上一句**“哇，这个看起来很有意思”**。

假设现在有一本孩子不太感兴趣的绘本。家长可以一边看着绘本表示**“这是什么呀，真有意思呀”**，一边自己翻着书自娱自乐起来。

这样一来，孩子就会觉得那本书很有趣，从而表现出阅读的兴趣。建议大家要亲自试一试这种方法。

在备战小升初时，就算没有逐一讲授学习的内容，我们也可以试着去看一看孩子不会做的题目，然后感慨道：**“唔，你已经在做这种题目了啊，真不错。咦？什么？这个原来是这样啊。”**

这种做法会给孩子带来不一样的变化，希望大家也能够尝试一下。

〈上级对下级〉

“现在有份文件要写，我们怎么做才能让这项工作变得有趣起来呢？”

如果对方一时回答不上来，我们可以通过给予提示的方法为其提供帮助，如“你可以想想，怎么做才能让看的人觉得简单易懂”“比如，我们可以做成彩色的形式”“与其注重格式，不如试着将重点放在设计上”等。

以此抛砖引玉，对方便能够领悟到享受这项工作的关键所在了。

“要想享受销售这份工作，你有什么具体的想法吗？”

与上一个例子相同，我们可以给对方一些提示。如“想一想什么样的人容易签约，能不能总结成几条规律”“试着分析一下什么样的前台能让公司的业绩表现出色，将你的想法写在博客上”等，这都是一些能够让销售工作变得有趣的好点子。

〈老师对学生〉

老师对学生在原则上与父母对孩子相同。只要老师表现得乐在其中，学生自然就会产生一种确实很有意思的“错觉”。

反之，如果老师表现得毫无兴趣，虽然学生们看起来好像是坐在座位上认真听课，其实大脑却处于思考停滞的状态。

怎样才能在上课时让学生们乐在其中呢？谈到这个问题，倒是有一件很有意思的事情。在这里，我先给大家讲一个发生在我身上的实例。

我曾经在辅导机构给小学生上过课。当时的科学课本里有这样一句话："水在100摄氏度沸腾时，会由液态转变为气态。"

一般情况下，这句话都是在课上一带而过的，最多也就是让学生们把"100摄氏度"圈起来作为重点。当然，这是一种非常无趣的上课方式。

于是，我做了这样一件事。

当时那家机构配有厨房，我先将学生们叫到厨房，然后在一个玻璃容器里倒上了水。

我对学生们说："大家注意了，接下来就是见证奇迹的时刻！这些水会消失得无影无踪，我们将看到液体变成气体的神奇瞬间！"

听了这话，学生们的眼睛一下子就亮了起来。

这时，我开始给容器加热。随着水温逐渐升高，容器底部开始有气泡冒出。我说："注意！快看！液体开始变成像空气一样的气体了！"

气泡越来越大，升到水面发出了咕嘟咕嘟的声响。我抓住时机，赶紧说："这就是液体变成了气体！"话音刚落，学生们便发出了一片欢呼声。

这其实并不是什么了不起的事，最多也只是让大家感到是一次开心的表演罢了。

然而这样做的结果是什么呢？

学生们纷纷提出了许多问题和想法，如“只有水会这样吗”“为什么这温度要达到 100 摄氏度呢”等。

他们在课堂上乐在其中，并因此有了更多的兴趣和好奇心，从而自发地进行了思考。

〈自己对自己〉

对于“要享受”这一秘诀来说，其实用在自己身上才是最能让人真切感受到效果的。因此，我建议大家先在自己身上试试看。

比如，我们可以有以下几种做法。

“每天要做的那些家务，如何才能乐在其中呢？”

“要想每天早上充满期待地开始新的一天，应该如何做呢？”

“怎样才能让每天去公司上班变得有趣起来呢？”

“怎么做才能让一成不变的生活变得多姿多彩起来呢？”

通过这种自问自答的方式，我们一定可以想到些什么。将我们想到的东西当作一次试验，大胆地去付诸实践吧。

不要认为快乐是别人带来的。**快乐，是靠自己创造出来的。**

在上文中，我们举出了很多的例子。

“要享受”——通过这一秘诀的运用，**我们不仅会乐观向上，学会积极思考，而且以不同的方式思考，大脑系统的版本也会得到提升。**

培养目的意识的秘诀——是为了什么

第七个秘诀是通过提高**目的意识**引导人们进行思考。

大脑系统的升级秘诀 7：是为了什么（目的意识）

在这个世界上，有很多人在开始行动时没有具体的目的。当然了，如果每天都带着某种目的生活的话，人也会变得很累，从这个角度来说，没有目的倒也不是什么坏事。

不过这种习惯一旦养成，等到必须要确立目的的时候，可能就会束手无策。这样一来，我们只能服从于别人定好的目的，最终不得不走上依附于他人的人生道路。

无法对目的有明确的认识，会造成一个最为恐怖的结果，那就是“思维停滞”，也就是大脑系统的版本无法进行提升了。

反过来说，如果**我们能够抱有“是为了什么”的目的意识，大脑就会展开思考，大脑系统的版本也会随之提升。**

让我们具体看一看目的意识会带来何种改变。

人原本就具备目的意识。在明确了目的之后，我们便会立刻开动脑筋，考虑实现这一目的所要用到的方法。

假设我们现在要去旅行。若是问起旅行的目的，大家可能会给出各种各样的答案，如“为了看一看世界遗产”“去体验从未尝试过的帆伞运动”“去收获一种感动”“去不同的地方与当地人进行交流，感受不同的文化”等。

有些人确实从一开始就带着这样的目的去策划旅游出行，也有些人只是单纯地跟着旅行社出游。

其实报团出游也有一定的目的性，不过鉴于参团的游客必须按照已经制订好的行程行动，所以这种旅行不过是按照流程完成任务罢了。

这样的出游并不具有“目的”，所以人们不会因此而思考，旅途中获取的信息恐怕也不会太多。我想，大家可能都有过类似的经历吧？

具备了目的意识，人就能够发挥出自己的主观能动性。为了达成某一目的，我们不仅会开动脑筋进行思考，而且观察能力也会随之提高，获取的信息量自然也就有了显著的增长。

即便目的的存在十分重要，但是随着我们在日常生活中的一举一动逐渐模式化，带着目的去做某事的概念就会慢慢淡化。

这时我们就需要问问自己，做这件事情“是为了什么”。

试举以下几个例子。

〈父母对孩子〉

“你学习这部分内容是为了掌握什么知识？”

“你知道为什么要整理东西吗？”

“你知道自己为什么要做这些习题吗？”

“你不爱吃胡萝卜，可是你知道我为什么总说吃胡萝卜有好处吗？”

在父母对孩子的场景下，我们有两点需要注意。

1. 由于年纪较小的孩子并不明白“目的”这一概念的含义，所以就算反复询问孩子“是为了什么”，孩子也是无法理解的。

因此，建议大家等到孩子可以理解何为目的之后再来使用这种方法。

2. 在某些情况下，父母自己也不清楚具体目的。举个例子，假设孩子跑来问你“学习的目的是什么”，你会作何回答呢？

“做数学计算题的目的是什么？”“为什么我们要学习理科？”面对这样的问题，想必家长也会一时词穷吧。这时，我们可以这样回答："我以前也读过书，至于为什么要读书，其实我自己也不太清楚。不过要是全世界的人从古至今都在读书的话，说明读书一定是有意义的。你想想，如果真的没有意义的话，人们早就不会去读书了。所以，要说起人为什么要读书，肯定是有些原因的。"

只要向孩子传达出"尽管我（父母）不太清楚，但是这件事一定具有某种目的"之类的意思，孩子们就会相应地展开思考。

当然，这样的回答可能并不贴切。但是，只要孩子们能够由此了解"目的"确实存在，这便足够了。

〈上级对下级〉

"你知道自己为什么做这份工作吗？"

"你知道我们这家公司为什么存在吗？"

"你知道我为什么要把这份工作交给你来做吗？"

一般来说，工作中可能很少会出现这样的提问，毕竟大部分工作只是模式化的操作罢了。

一旦工作进入模式化，人们的目的意识就会逐渐淡化，甚至有些工作一开始就不具备这样的目的意识。

所以，我们需要询问下属**是否知道自己为什么做这份工作**。我想，恐怕大部分的员工都无法给出答案吧。

有时甚至连提出这个问题的上司，可能也不知道应该如何作答。这时，我们不妨将其视作一次引发自己一同思考的绝佳机会。

在被问到“为什么做这份工作”时，大脑虽然会出现一片空白，不过很快就会对此展开思考。

即便此时对方给出的答案非常肤浅，那也是下属经过思考之后做出的回应，是值得我们认真对待的。

如果得到的答案极为肤浅，我们还可以继续提问，如“那又是为了什么呢”等。这样一来，对方就会尝试进行深入的思考了。

不管得到的答案如何，关键是要引发对方进行思考。

〈老师对学生〉

老师经常会提问学生。对于学生来说，老师的问题要比家长的话更容易引发他们积极思考。

比如，我们可以试着提出如下问题：

“举办这次文化节活动是为了什么呢？”

“你知道为什么要早上读书吗？”

“为什么要去毕业旅行呢？”

“这个实验的目的是什么？”

“你知道为什么要给成绩打分吗？”

一般来说，学生是无法明确回答出上述问题的。但是通过提问的方式，却可以引导他们产生“目的是什么”的意识。

作为教育的一种方式，老师可以进一步将这些问题的答案告知学生。毕竟学校的各种活动都是有目的的，而老师对此应该心知肚明。

当然，在很多情况下，举办活动时可能并未提及具体的目的。而这种不知目的茫然行事的作风，会令学生们本能地感到厌恶。

因此，我建议各位老师使用学生们可以理解的语言，通俗易懂地告知他们“做一件事情的具体目的”。在这一过程中不要一开始就直接阐明答案，而是**按照“先提问再回答”的顺序进行引导，这样便能够对学生们大脑系统的升级起到积极的作用。**

〈**自己对自己**〉

针对“目的意识”提问的秘诀，**用在自己身上是最为有效的。**

“我为什么要去公司上班？”

“为了赚钱？”“生活所迫？”“没什么理由？”“没办法辞职？”“因为大家都在上班？”“为了实现自己的理想？”由此，大脑便会不断地展开思考了。

“我为什么要带孩子？”

“因为做了父母？”“因为不得不做？”“为了孩子的幸福？”“为了以后能上好学校？”“为了不被人指指点点？”“因为自己乐在其中？”

“我为什么每天都要做饭？”

“为了填饱肚子？”“不得不做？”“为了摄取营养？”“为了身体健康？”“为了能让家人开心？”

“我为什么要在学校里教小孩子读书？”

“因为喜欢教书？”“为了培养孩子？”“因为是本职工作？”“因为不得不去？”“因为自己还算适合？”

试着像这样对自己提问，我们便会得到各种答案。

正如我反复强调的那样，答案的优劣并不重要，**重要的是带有“目的到底是什么”的意识。**在这一意识出现的瞬间，大脑便开始工作。当有了这样的积累，大脑系统也就得到了升级。

不仅如此，这一秘诀还有另外一个作用。

一旦目的明确，人们就更容易接受，也更容易付诸行动。

已经有太多的实例证明，只要让那些缺乏干劲的人去想一想具体的目的，他们便能够立刻切换模式，进入工作的状态。

培养原点回归能力的秘诀——原本是

第八点是**原点回归能力的秘诀**。

谈话中随着话题的转换，最后竟忘记了自己最初想要说的内容，类似这样的经历，相信大家都曾有过吧。这其实就是所谓的跑题。

虽然跑题不失为一种乐趣，但我们更应该将这种情况视为大脑系统升级的绝佳机会，尝试着运用一下相关的秘诀。

大脑系统的升级秘诀 8：原本是（原点回归能力）

有了这句话，**我们的话题就能够回到原点。**

那么，话题回归原点之后会产生什么样的效果呢？

以树木为例，这一答案是显而易见的。

树由树干、树枝和树叶构成，而谈话或文章的结构也是如此。具体来说，谈话的出发点（主题）是“树干”，对主题进行说明的是“树枝”，“树叶”则是那些更为具体的事例。

一段对话如果能够如此具有体系性自然很好，但有时谈话的内容过分纠缠在极个别的特例之中会让人听得一头雾水，又或者出现跑题而让人摸不着头脑。

以下图为例，极个别的特例其实就像叶片的最前端（叶尖），跑题的内容就像那些掉在地上的落叶。

在这里，我们尝试使用“原本是”来试一下。这样一来，大脑就会去思考“这片叶子原本是长在哪个树枝上的”，话题也就回到了“树干”之上。

与此同时，我们还可能由此掌握事物的整体情况。一旦有了全局化的视野，人们的理解能力也会随之出现显著的提高。这就像在学习历史的时候，如果我们能事先通过阅读一些图书对整个历史有一个大体的把握，学起来也就容易多了。

类似这样，当我们对话题内容感到茫然时，不妨试着使用“原本是”这一秘诀来提问，大脑也会由此迅速回归原点，并对整体进行把握。

此外，如果是在工作中指导下属时出现了思路上的混乱，我们也可以使用该秘诀来调动“原点回归能力”。这种方法不仅可以让自己回到原本想要表达的意思上，而且还有助于帮下属的大脑系统进行升级。

〈父母对孩子〉

（孩子和别人闹别扭的时候）**“原本是因为什么开始闹别扭的？”**

（说了学校一大堆坏话时）**“事情原本是什么样的？”**

（面对不喜欢数学的孩子）**“你为什么不喜欢数学呢？”**

通过第三个例子的问题，我们不仅能够找到孩子不喜欢数学的症结，有时候还会因此提升他们的数学成绩。毕竟有些孩子讨厌数学的原因，其实并不是什么大不了的事情。

这样一来孩子们就会发现，自己讨厌数学只是一种错觉罢了。

使用“原本是”追本溯源，也是我经常用来提高弱项科目成绩的一种方式。

〈上级对下级〉

“这个项目原本是怎么到我们手上的来着？”

（面对抱怨工作吃力的下属）**“你到这家公司原本是想做些什么呢？”**

（当对话的内容出现跑题时）**“你这次找我原本是想聊些什么？”**

〈老师对学生〉

“原本为什么会发生这个‘本能寺之变’（日本古代的一次政变）呢？”

“主人公原本为什么想采取那种做法呢？”

（遇到数学题目时）**“这道题原本是想让你回答什么的？”**

对于数学应用题和一些较为复杂的题目，第三个例子的问法极为有效。

〈自己对自己〉

“我现在这种烦躁的情绪，原本是因为什么？”

“带孩子很辛苦，我原本是为什么想要孩子呢？”

“我原本是为什么选择现在的这份工作？”

怎么样，用“原本是”是不是让你回到了自己的原点呢？

回归原点不仅能够让我们动脑筋思考，而且这一秘诀还有另外一个好处，就是能帮助我们坚定自己的初心。

一旦坚定了自己的初心，我们就不会被多余的信息所干扰，而是能够专心致志地去完成自己想做的事情。

只一句话，人生便大不相同。请大家务必试一试吧！

培养假说构建能力的秘诀——如果

第九条秘诀培养的是**假说构建能力**。所谓假说构建，就是思考**“如果……怎么办（怎么样）”**等问题。

以企业为例，该秘诀不仅可以灵活运用于对风险管理的相关思考，而且还能在引发创新性思维上发挥作用，以帮助公司开辟新的业务内容。

大脑系统的升级秘诀 9：如果（假说构建能力）

〈父母对孩子〉

要在与孩子的对话中愉快地使用这一秘诀，家长可以通过游戏的形式进行引导。该秘诀对于激发孩子的创造力和好奇心极为有效，强烈建议大家都试一试。

比如下列这些问题，孩子们都是非常乐意回答的。

“如果停电一年的话，我们怎么生活呢？”

“如果你是父母，这时候你会怎么办呢？”

“如果浦岛太郎（日本古代传说中的人物）没有打开宝箱，你觉得会发生什么呢？”

“如果桃太郎（日本民间故事《桃太郎》中的人物）没有了小狗，他会如何战斗呢？”

“如果《桃太郎》里的妖怪还抱着一个妖怪宝宝，你觉得桃太郎会怎么办呢？”

〈上级对下级〉

“如果发生了大的危机，我们公司应该如何应对？”

“如果拿不到这个项目，你会采取什么样的对策？”

“如果无人驾驶汽车明年开始进入市场，我们公司应该如何应对？”

一般来说，公司的领导总是会进行类似这样的自问自答。“如果经济衰退了怎么办？”“如果人手不足怎么办？”通过进行此类思考，降低企业可能面临的风险。

不过，根据其后是否付出了具体行动，公司的命运自然也会有所不同。

〈老师对学生〉

“如果这个世界上没有了数学，会出现什么情况呢？”

“如果能够流利地用英语表达，你们想要做些什么呢？”

“如果20年后你们的孩子要来这里上小学，你觉得学校会变成什么样呢？”

虽然历史没有“如果”可言，但**如果我们硬要给历史做假设的话**，反而会成为一次富有创造力的思维训练。

“如果没有了‘本能寺之变’，事情会如何发展呢？”

“如果镰仓时代是平家开创的，其后的历史会如何改写呢？”

“如果坂本龙马没有被暗杀，他会去做些什么呢？”

〈自己对自己〉

“如果没有了汽车，你的生活会变成什么样呢？”

“如果年收入翻倍，你会如何工作呢？”

（现在有2个孩子）“如果有了4个孩子，生活会变成什么样呢？”

“如果你感到特别开心，你会如何度过每一天呢？”

“如果生命只剩下最后一年，你的每一天会如何度过呢？”

将“如果”用在自己身上，不仅能够提升我们的大脑系统版本，而且还具有另外一层重要意义。

以“年收入翻倍”这一假设为例。如果年收入真的翻了一倍，你的工作方式应该会与现在有所不同吧。所以，如果我们能够先去改变自己的工作方式，年收入可能真的会出现增长。

究其原因，在于工作方式的改变能够使我们的潜意识发生变化，从而让我们在工作中表现得更为出色。这样一来，加薪的可能性也就变高了。

此外，如果拥有 2 个孩子的家庭假设自己拥有了 4 个孩子，就会觉得现在只有 2 个孩子真是非常轻松。也就是说，**通过使用“如果”设想一种更为严峻的情形，并与现在的情况进行对比，能让我们对现状感到轻松和愉快。**

另外，“如果生命只剩下最后一年”的假设其实与苹果公司创始人乔布斯提出的“如果今天是我生命中的最后一天，我会过什么样的生活”极为相似。通过这样的假设，我们的生活方式也可能会发生变化。

如上所述，**这一秘诀不仅能够提升我们的大脑系统版本，而且还能打开我们的人生格局。**

培养问题意识的秘诀——这是真的吗

“问题意识”是我们在公司里经常听到的一个词。虽然上大学写论文时多少会用到这一意识，但是在中小学阶段却从未被人提及。

原因在于大部分现行教育并不需要学生抱有这种“问题

意识”，而是“按照老师说的去做就可以了，不用产生怀疑”。

我一直质疑这种教育方式。长此以往，学生们便会丧失动脑思考的习惯。

若干年后，我们认为理所当然的事情很可能会逐渐变得不再那么理所当然。在这样的时代里，**学会对理所当然的事情抱有质疑的能力不可或缺。**

因此，我们在这里提出了提升大脑系统的最后一个秘诀。

大脑系统的升级秘诀 10：这是真的吗（问题意识）

这一秘诀同样含有**“怀疑常识”**之意。在使用“怀疑”一词时大多不带有褒义，它反而常被用于“不要做怀疑某人的事”等告诫他人的场合。

而且在此之前，人们觉得对周遭一切照单全收并不是什么坏事。但是，长期如此很容易导致我们陷入思维停滞的状态。

具有怀疑精神，能够促使人们展开思考。通过大脑的运转，新的想法和发现也便应运而生了。可以说，**问题意识是发明和发现的起点。**

此外，通过类似**“这件事未免也太奇怪了吧”**之类的思考，不仅可以降低我们被骗的可能性，而且还能让我们免于陷入某些陷阱。

不过需要注意的是，如果对万事万物都心存疑虑，也会出现问题。毕竟，凡事都有一个限度。

一旦对所有事物都抱有怀疑的心态，便会将自己孤立于人群之外，而且这种性格也会招致许多人的厌烦。

因此，这一秘诀虽然极为重要，使用时也需要有所注意。

另外，在孩子 10 岁以前，我并不建议大家使用这一秘诀。待到孩子对整个社会有了一定的认识之后再培养其问题意识，会收到更好的效果。

接下来我将介绍这一秘诀的具体用法。与此前的其他秘诀不同，比起用在“上级对下级”“父母对孩子”等上面，**我更建议大家先将这一秘诀用在自己身上。**

这样做的原因正如上文所写的那样，如果该秘诀在使用时不慎重，很可能会招致人际关系的破裂。一旦表达的措辞不当，对方就会生出被责难或被否定的感觉，问题也就产生了。

所以，建议大家先不要用在别人身上，而是先在自己的身上试试看。这样一来，我们也就打开了与以往不同的视野。**只有切身体验过这一点之后，才能将这个秘诀用在别人身上。**

〈作为父母〉

“这些家务，真的只有我一个人能做吗？”

（大家不是也可以一起分担吗？）

“我总说让孩子学习，但我真的是为了孩子才这么说的吗？”

（其实是因为我不想操心？）

“周围的家长聊到中考时都是同一种态度，但是事情果真如此吗？”

（也许我只是为了让自己合群而已？）

“我一直让孩子学习，孩子也不听我的，是不是这样的做法其实不对？”

（反复强调毫无效果的话，这样的方法应该是有问题的。）

“家长不努力孩子就废了，这样的逻辑难道不奇怪吗？”

（不要勉强自己，现在这样不就挺好的吗？）

〈作为职员〉

“公司的营业额一直上不去，真的是因为人手不足吗？”

（难道不是因为效率太低吗？）

“真的只有我这么辛苦吗？”

（可能人总是会看到别人的好吧。）

“有了干劲、毅力和努力就真的能成功吗？”

（只是一厢情愿地认为付出就有回报而已。）

“领导说的话真的就对吗？”

（注意：这句话是为了让大家不要变成唯唯诺诺的人，

并不是为了顶撞上司。）

“真的有必要早上 9 点去公司上班吗？”

（可能只是一直以来的习惯性做法罢了。）

“这项业务真的还有继续下去的必要吗？”

（只是因为惰性继续下去而已？）

“客户的投诉真的就是对方的问题吗？”

（自身难道就没有问题吗？）

〈作为学校的老师〉

“让每个学生都将板书内容抄在本子上，这样做真的对吗？”

（让所有人去做同一件事毫无意义，有没有其他做法呢？）

“让学生背诵却不告知背诵的方法，这样做真的对吗？”

（不讲方法就要求别人做事，实在过于轻率，要先讲方法。）

怎么样，“对理所当然的事情进行质疑”确实非常重要吧。事实上，很多人都陷入了惯性思维的陷阱。

“一直是这样做的”“以前就是这样做的”“大家都是这样做的”并不意味着一定正确。如果惯例代表了绝对的正确，那么大家应该也就没有了失败和烦恼。

特别是在计算机行业迅猛发展的新时代里，如果我们一味地墨守成规而不自知，那么很容易就会被时代抛弃。

最后我想再重申一遍，质疑周遭的一切并不是一件好事。

不过，**偶尔使用“这是真的吗”确实能够启发我们重新思考。**

随着思考的开始，大脑系统的版本也就得到了提升。

进一步强化大脑系统的五大秘诀

小结

五大秘诀

要享受（积极思考能力）

是为了什么（目的意识）

原本是（原点回归能力）

如果（假说构建能力）

这是真的吗（问题意识）

后记

在本书即将完稿之际，我想对全书的内容做一下总结，并将我想告诉大家的几句话写在最后。

本书小结

“同样都在学习，为什么差别如此之大”的原因，我想大家应该都已经了解清楚了。

作为总结，让我们再来回顾一下本书的具体脉络。

1.“同样都在学习，差别却如此之大”的原因在于“平时是否动脑筋思考”。

2. 能否进行自主思考，是由“大脑系统的版本差异”所

决定的。

3. 所谓大脑系统的版本差异，其实就是“思考能力的差别”。

4.“思考能力”可以通过后天的努力得到提升。

5.“十大秘诀”作为一种外在的方法是行之有效的。

也就是说，本书想要表达的内容是：**十大秘诀能够帮助我们提高动脑思考的能力，建议大家在生活中勤加使用。**

请务必试试这一点

这本书中涉及了许许多多的内容。

最后，我建议大家再去做一件事情。当我们标出重点并贴上便签的时候，如果重点过多，大脑就会无法分辨，最终很可能努力都白费了。如此想来，这样的结局确实令人非常遗憾。

因此，我建议大家尝试着将自己最想做的事情控制在三件以内，哪怕只有一件也是没有关系的。

哪怕只做到了一件事情，生活也会大不同。

本书为大家介绍了十大秘诀，我同样建议大家先选择其中的两到三个进行使用，而不是一股脑儿地全都派上用场。

注意，我们要做的不是必须去用，而是选择两三个自己想用的。

1. 为什么（原因分析能力）

2. 怎么想（自我表达能力）

3. 如何做（问题解决能力）

4. 简而言之（抽象化思维能力）

5. 举例来说（具象化思维能力）

6. 要享受（积极思考能力）

7. 是为了什么（目的意识）

8. 原本是（原点回归能力）

9. 如果（假说构建能力）

10. 这是真的吗（问题意识）

选好之后，请尽快填写到下一页的表格上。

至此本书的内容便全部结束了，感谢大家能够一直读到最后。

希望越来越多的人能够在人生中感受到学习的乐趣，拥有自信。

期待与大家再一次相遇。

石田胜纪

于横滨的咖啡厅

我想使用的秘诀

①

用完请打钩！

□

②

用完请打钩！

□

③

用完请打钩！

□